August Dunkelstein

VERBORGEN

Geheimnisvolle Orte in Wäldern.
Niederösterreich

WILD URB Kultbuch

verlag rittberger+knapp

Die Informationen in diesem Buch wurden mit größter Sorgfalt recherchiert. Dennoch können Fehler nicht vollständig ausgeschlossen werden. Die Benutzung dieses Buches und die Umsetzung der darin enthaltenen Informationen erfolgt ausdrücklich auf eigenes Risiko. Verlag, Autoren und Lektor können für etwaige Unfälle und Schäden jeder Art, die sich bei Besuch von oder Anreise zu in diesem Buch beschriebenen Orten ergeben, aus keinem Rechtsgrund Haftung übernehmen. Aktuelle Betretungsverbote bei den jeweiligen Orten können von den Angaben im Buch abweichen und müssen beachtet werden.

Alle Anreiseangaben ohne Gewähr.

Edition WildUrb
ISBN: 978-3-902999-54-2
1. Auflage Mai 2024

Autor: August Dunkelstein (facebook.com/Verborgenes.Oesterreich)
Lektorat: Loris Knoll BSc. (grüngrätzlwege.at)
Medieninhaber: Rittberger+Knapp OG, Verlagsort: Mödling
Hersteller: Finidr, s.r.o., Herstellungsort: Tschechien
Fotos: ©August Dunkelstein

 Kommentare und Fragen gerne an:
office@rittbergerknapp.com

www.wildurb.com
www.rittbergerknapp.com

Inhalt

PLACE **SEITE**

19. JHDT.

CZ
14
6
Waidhofen/Thaya
Gmünd
3
38
Weitra
Horn
13
4
10
40
26
Zwettl
1
7
11
33
Krems
Oberösterreich
17
St. Pölten
Melk
5
Ybbs
23
Amstetten
Haag
12
36
Lilienfeld
Scheibbs
Waidhofen/Ybbs
37
Göstling/Ybbs
Steiermark

CZ
ONLINE-KARTE
Laa/Thaya
27
Poysdorf
39
Hollabrunn
Mistelbach
19
SK
Stockerau
Korneuburg
Gänserndorf
Tulln
16
Wien
8
31
35
Mödling
24
Bruck/Leitha
29
28
Baden
20
32
Wr. Neustadt
Burgenland
N
W
O
S
Neunkirchen

»Gaberkirche«

PROLOG

Im Laufe der Jahrhunderte hat sich vieles im Land unter der Enns verändert: Herrscher kamen und gingen, Felder wurden bebaut, Wälder gerodet oder neu aufgeforstet. In Zeiten des besonders starken Wandels führt jedoch mitunter der eigene Weg zurück zu den Ursprüngen, zu den verborgenen Überbleibseln der Vergangenheit...

Alle Wege & Places sind online

Die vorgestellten Touren können mithilfe des Smartphones abgerufen werden, indem der jeweilige QR-Code mit der Kamera gescannt wird. Auf der Website *wildurb.at/maps* finden sich Online-Karten (Google Maps & Alltrails). Wer auf Alltrails klickt, kann dort ohne Abo verschiedene Dateiformate herunterladen und mit beliebigen Navigations-Apps öffnen. Da an einigen der in diesem Buch präsentierten Orte kein Mobilfunkempfang vorhanden ist, empfehlen wir, Kartenmaterial vor der Wanderung auf das Smartphone herunterzuladen. Dies kann z.B. mit einem AllTrails-Abo oder der Gratis-App *Mapy.cz navigation & off maps* erfolgen.

LEGENDE

5km[1)] (1¾h[2)]) | R[3)] | ↑250hm[4)] | einfach[5)]

1) Tourlänge, 2) Gehzeit, 3) Verlauf: R (Rundweg) / S (Streckenweg)

4) Höhenmeter bergauf, 5) Schwierigkeit (einfach-mittel-schwer)

PLACE 1

Mysterium

Die Steinpyramide bei Ober-Neustift

START & ÖFFIS

3920 Groß Gerungs: Etzen

↔ 🚌 Etzen/Großgerungs Ort

TOURDETAILS

10,7km (2¾h) | R | ↑210hm | mittel

- Rätselhaftes Steinbauwerk
- Ländliche Ruhe & Gelassenheit

Im Waldviertler Hochland

Einige Gegenden in Niederösterreich, wie etwa das westliche Waldviertel, liegen fernab großer Städte. Der Bahnverkehr wurde großteils eingestellt, nur selten erreicht ein Bus die verstreuten Haltestellen. Dennoch befinden sich hier besondere Orte, oft versteckt in Wäldern. Ein solcher liegt auch zwischen Groß Gerungs und Zwettl: die sogenannte Steinpyramide – ein mysteriöses Bauwerk, das in Mitteleuropa seinesgleichen sucht. Es handelt sich hierbei um einen von Menschenhand geschaffenen Stufenkegel mit einem Durchmesser von fast 20m. Verschiedene markierte Wege führen vom knapp 3km südwestlich gelegenen Etzen in einen Forst, wo neben der Pyramide auch mehrere »Waldviertler Felsen« und Teiche zu finden sind. Angekommen beim Stufenkegel laden Bänke zur Rast ein, zwei Türmchen ermöglichen den Überblick. Der zum Teil bereits beschädigte Steinbau wird von einem Zaun vor zu neugierigen Besuchern geschützt.

Ein ungelöstes Rätsel bleibt, wann, wozu und von wem diese Anlage errichtet wurde: Könnten es Freimaurer aus dem nahen Schloss Rosenau im 18. Jhdt. gewesen sein? War es eine Signalstation zur Entzündung von Warnfeuern im Mittelalter, als der Hügel noch nicht bewaldet war? Oder handelt es sich sogar um eine Kultstätte der Kelten, errichtet vor etwa 2.000 Jahren? Während die erste Möglichkeit für Experten am denkbarsten erscheint, bleibt die wahre Geschichte im Verborgenen.

Koordinaten (zur Eingabe in die Karten-App): 48.5759, 15.0615

PLACE 2

Urgewalt

Der »Vierbrüderbaum« bei Vöstenhof

START & ÖFFIS
2630 Ternitz: Pottschach
↔ 🚆 Pottschach Bahnhof

TOURDETAILS
8,4km (2½h) | R | ↑ 220hm | mittel

- Altes Naturerbe
- Nahgelegene Aussichtswarte

Am Fuße des Gfieders

Manche Bäume sind von unwirklichem Alter und haben Jahrhunderte, ja mitunter sogar Jahrtausende der Weltgeschichte erlebt. Einer der ältesten des Landes, der sogenannte »Vierbrüderbaum«, soll bereits im Jahr 980 gepflanzt worden sein, also ungefähr zur selben Zeit, als der Name »Ostarrichi« (von dem sich Österreich ableitet) erstmals erwähnt wurde.

Das Naturdenkmal befindet sich in der Nähe des Schlosses Vöstenhof, etwa 4km westlich von Ternitz; ein Wanderweg, welcher entlang des Südwesthangs des Gfieders verläuft, führt nach ungefähr einer Stunde Gehzeit direkt am Baum vorbei. Der »Vierbrüderbaum« ist eine Schwarzföhre – diese sind vor allem am Alpenostrand zu finden und spielten früher aufgrund ihres hohen Harzgehalts eine wichtige Rolle in der Pecherei. Charakteristisch für dieses Gehölz sind ausladende Äste und besonders lange Nadeln.

In all der Zeit werden Tausende diesen Baum besucht haben, von denen die meisten wohl nicht mehr unter den Lebenden weilen. Auch beim »Vierbrüderbaum« zeigen sich sichtbare Spuren seiner langen Existenz. In frühen Jahren wurde er durch Wildverbiss in eine gespaltene Form gebracht. Dennoch führte er wahrscheinlich bis ins 20. Jhdt. hinein ein unbeschwertes Dasein. Im Zweiten Weltkrieg erlitt er jedoch schwere Schäden, dass eine spätere Restaurierung unter Einsatz von Beton und Bitumen unumgänglich wurde. Dem nicht genug, entfachte 1972 ein Blitzschlag einen Brand, der

Blick zum Gösing

nur durch Sprengung im Inneren gelöscht werden konnte. Aus den »vier Brüdern« wurden schlussendlich zwei...

Der Gipfel des Gfieders, dem rund 600m hohen Ternitzer Hausberg, ist von dem riesigem Baum nicht weit entfernt. Dort befindet sich auch die »Gfieder-Warte«, welche einen eindrucksvollen Rundumblick gewährt und sich darüber hinaus während der Vorweihnachtszeit zur größten Adventkerze Niederösterreichs verwandelt.

Koordinaten: 47.7191, 15.9829

PLACE 3

Sacellum

Die Nikolaikapelle bei Pernegg

START & ÖFFIS
3573 Geras: Hötzelsdorf
↔ Hötzelsdorf-Geras Bahnhof

TOURDETAILS
14,3km (3½h) | R | ↑200hm | mittel

- Mystische Kapellenruine
- Stilles Waldtal mit Bach

Am Rande des Horner Beckens

An die Burg Pernegg, welche vermutlich schon im 11. Jhdt. errichtet wurde und somit zu den ältesten des Waldviertels zählt, erinnert heute nur mehr wenig. Bereits im 15. Jhdt. wurde sie abgetragen, wobei die Gemäuer fallweise für den Ausbau des damaligen Chorfrauenklosters wiederverwendet wurden. Jenes Kloster ist heute ein bekanntes Seminar- und Fastenzentrum, das sich knapp 1km südlich der gleichnamigen Ortschaft befindet. Ein Wanderweg verläuft von Hötzelsdorf nebst der Franz-Josefs-Bahn bzw. der Pulkau in Richtung Pernegg. Anschließend führt der »Weg der Stille« ausgehend vom Kloster über ein Kräuterlabyrinth in Richtung Südosten, wo sich im leicht abfallenden Waldgelände die Reste der einstigen Veste verbergen.

Der Großteil der einstmals weitläufigen Anlage ist mittlerweile verschwunden, lediglich Teile der dem Heiligen Nikolaus geweihten Burgkapelle blieben sichtbar erhalten. Die Mauern des Kirchengebäudes sind mit Efeu überwachsen, das Dach ist längst verlorengegangen. Holzbänke und eine Lourdes-Statue laden zur Andacht ein; zuweilen werden hier auch heute noch Messen unter freiem Himmel abgehalten. Direkt daneben, an der Stelle des einstigen Innenhofs der Burg, befindet sich ein teilweise gebrochener Stein in Form eines Herzens – das »gebrochene Herz«. Doch weswegen ist der Stein zerbrochen? Zwei traurige Geschichten klären an der Informationstafel darüber auf.

Der »Weg der Stille« führt nun zu weiteren Stationen hinunter ins schattige Aumühltal. Dort befinden sich nicht nur der naturbelassene Aumühlbach, sondern auch die Marienquelle sowie die steinernen Überreste der alten Aumühle. Tatsächlich ist dieses Bachtal ein verstecktes Juwel, in dem lediglich das Rauschen des wilden Wassers das Stillschweigen durchbricht. Eine rustikale Holzbrücke überquert das Flussbett; schlussendlich weist der Pfad wieder aus dem Graben, zurück nach Pernegg.

Koordinaten: 48.7289, 15.6325

Gebrochenes Herz

PLACE 4

Flumen

Das »Öde Schloss« über dem Kamp

START & ÖFFIS
3591 Altenburg
→ 🚌 Altenburg bei Horn Stift
← 🚆 Rosenburg Bahnhof

TOURDETAILS
9km (2½h) | S | ↑ 100hm | mittel
• Zahlreiche alte Gemäuer im Flusstal

Beim Stift Altenburg

Schon viele Jahre ist es her, da thronte die Burg Tursenstein auf einer Anhöhe, umflossen vom damals noch wilden, ungezähmten Kamp. Im Jahr 1396 wurde sie dem Benediktinerstift Altenburg übergeben, welches allerdings gezwungen wurde, den Abbruch zu veranlassen. Heute erinnert nur mehr wenig an die danach »öde« Veste; rund 1,5km südsüdöstlich des Klosters markiert ein Richtungsweiser am »Kamptal-Seenweg« den kurzen Pfad über die sattelartige Geländebrücke hinauf zu den verbliebenen Resten. Schon bald sind die ersten Steinwälle erreicht; das einstige Ausmaß der Burg lässt sich so erahnen.

Oben auf der Hügelkuppe lichtet sich der Wald, jedoch sind intakte Bauwerke längst nicht mehr zu finden. Die noch bestehenden, fast 1.000 Jahre alten Bruchsteinmauern vermischen sich mit dem ungleich älteren Naturfels. Zahlreiche flinke Smaragdeidechsen verstecken sich zwischen den Gesteinen; in den warmen Monaten bietet sich die Gelegenheit, diese zu beobachten. Die Zeit scheint hier stillzustehen, kein Lärm stört in diesem geheimen Paradies: der archaisch kraftvolle Platz lädt zum Verweilen und Träumen ein. Der prachtvolle Aus- bzw. Tiefblick über den Westhang hinunter zu den Flussschlingen überrascht – obgleich sich das tatsächliche Gefälle nur vom gegenüberliegenden Ufer zeigt. In der unzugänglichen Steilwand befindet sich eine Höhle, in die sich angeblich die Benediktinermönche während des

Einfalls der Hussiten im 15. Jhdt. zurückzogen haben sollen.

Wieder unten im einsamen Kamptal sind am Weg weiter flussabwärts, in Richtung des Renaissanceschlosses Rosenburg, nicht nur die steinernen Überreste des einstigen Tiergartens des Stiftes Altenburg zu finden, sondern auch zwei sehenswerte, historische Gebäude, die bislang von Verfall oder Abriss verschont geblieben sind: die Rauscher-Mühle und das gegenüberliegende alte Laufwasserkraftwerk.

Koordinaten: 48.6296, 15.6054; Achtung: Offline-Karte notwendig

PLACE 5

Niedergang

Die Burgruine Zelking im Melktal

START & ÖFFIS
3393 Zelking-Matzleinsdorf
→ 🚌 Zelking Ort
← 🚆 Melk Bahnhof

TOURDETAILS
12,6km (3½h) | S | ↑330hm | mittel
• Ri(e)(s)sige alte Mauern, Wackelsteine

Im Viertel ober dem Wienerwald

In Zelking verbergen sich unterirdisch zahlreiche Sandsteinkeller, während hoch über den Dächern alte Gemäuer emporragen. Es sind die Überreste der Veste Zelking, dem Stammhaus der Zelkinger, welche zahlreiche Burgen und Schlösser in Nieder- und Oberösterreich besaßen. Das einst sechsstöckige Bauwerk wurde vermutlich um 1100 errichtet. Nach dem Aussterben der Zelkinger im 17. Jhdt. wurde die Burg von den späteren Eigentümern immer seltener bewohnt und verfiel schließlich. Die berüchtigte »Dachsteuer« – um die Steuer zu umgehen wurden zahlreiche Dächer abgedeckt – spielte dabei wahrscheinlich eine maßgebliche Rolle. Übrig bleibt heute nur noch der skelettierte Rest einer ehemals mächtigen Burganlage, deren Gebeine brüchig sind: 1981 stürzte die Südmauer mit lautem Grollen den Hang hinunter. Falls hier ein Schlossgespenst sein Unwesen trieb, so ist es längst befreit und durch diesen Donnerhall erweckt worden.

Dennoch eignet sich das bewaldete Gebiet rund um die Ruine gut für Spaziergänge – obgleich es aufgrund der erheblichen Baufälligkeit leider nicht gestattet ist, den inneren Kern zu betreten. Die Überreste befinden sich knapp 1km östlich des Ortskerns und sind über einen markierten Pfad mit moderater Steigung gut zu Fuss erreichbar. Die von außen deutlich sichtbaren Risse scheinen von Jahr zu Jahr an Größe zu gewinnen, während drinnen das Gestrüpp immer stärker gegen die Mauern drängt. Das regelrechte Zerbrechen der alten Veste scheint als ihr Schicksal bereits vorherbestimmt...

Der Pfad führt weiter auf den Rücken des Hiesbergs hinauf. Hier lässt sich nicht nur der Ausblick über das Mostviertel genießen, sondern auch der Rogelstein entdecken – ein Wackelstein »Waldviertler Bauart«. Weiter östlich, auf der anderen Seite des Berges, befindet sich die zu einem prächtigen Renaissanceschloss umgebaute Schallaburg, welche mit den gesammelten Eindrücken wie die schöne Stiefschwester der Burgruine Zelking wirkt.

Koordinaten: 48.1842, 15.2683

PLACE 6

Exodus

Die Ortswüstungen Hard bei Thaya

START & ÖFFIS

3830 Waidhofen an der Thaya

→ 🚌 Thaya Kriegerdenkmal

← 🚌 Waidhofen an der Thaya Busbf.

TOURDETAILS

13km (3½h) | S | ↑ 150hm | mittel

• Überwachsene Mauerreste, Schautafeln

Im Hart(h)wald

Wüstungen sind alte Siedlungen, die bereits vor langer Zeit aufgegeben wurden. Hierzulande gibt es zahlreiche solcher Orte, deren Reste sich meist unter der Erde verbergen. Die bisher einzigen vollständig ergrabenen Wüstungen liegen im nördlichen Waldviertel: »Hard« und »Kleinhard« befanden sich knapp 4km ostsüdöstlich der Gemeinde Thaya. Heute ist das Gelände bewachsen, wenige Schilder beim Waldrand weisen den kurzen Weg. »Kleinhard« bestand aus einem, vermutlich um 1100 errichteten, steinernen Turmhaus. Bewohnt wurde es von Adeligen, die Untertanen hausten in Holzbauten. Bereits im 13. Jhdt. wurde es wieder aufgegeben; einige Zeit danach wurde »Hard« gegründet: die von Moos bedeckten Grundmauern des Herrenhofs befinden sich nur ein paar Gehminuten südlich im dichten Nadelwald. Bei Grabungen, welche ab den 1970ern von der Fam. Felgenhauer durchgeführt wurden, kamen weitere Überbleibsel von Brunnen, Schmieden oder Backöfen zu Tage. Ferner gab es zehn hölzerne Bauernhäuser mit Strohdächern; an diese waren Ställe für Schafe, Ziegen oder Hühner angebaut. Nun herrscht hier seit langem Stille; das Dorf wurde um 1400 verlassen. Die Bodenverhältnisse und das suboptimale Klima schienen eine langfristige Existenz unmöglich zu machen. Dennoch erzählen die verbliebenen Fragmente leise Geschichten aus längst vergangenen Zeiten, von einem harten und entbehrungsreichen Leben...

Koordinaten: 48.8480, 15.3354

PLACE 7

Wagemut

Die Burgruine Falkenberg bei Straß

START & ÖFFIS
3491 Straß im Straßertale
→ 🚆 Etsdorf-Straß Bahnhof
← 🚆 Zöbing Bahnhof

TOURDETAILS
13,3km (3½h) | S | ↑ 250hm | mittel
• Verborgene Ringmauerreste

Im Straßertal

Dort, wo sich Wald- und Weinviertel vermischen, gibt es besonders viele interessante Plätze und historische Bauwerke zu entdecken. Von einem davon, der einst imposanten Burg Falkenberg, sind (zumindest auf den ersten Blick) nur noch wenige spärliche Reste des Bergfrieds zu finden, die entfernt gar an einen drohenden Zeigefinger erinnern. Noch weniger ist von der Adelsfamilie übrig geblieben, welche dort ihren Stammsitz hatte: die beiden »letzten« Falkenberger, die Gebrüder Rapoto und Hadmar, verscherzten es sich mehrmals mit den herrschenden Habsburgern. Schließlich wurde die Veste im Jahr 1300 nach einer fünfmonatigen Belagerung durch den Einsatz von Wurfgeschossen größtenteils zerstört. Die Habsburger ließen dafür tausende schwere Steine aus dem Eggenburger Steinbruch heranschaffen. Somit befand sich die Burg vermutlich schon im 14. Jhdt. in einem desolaten Zustand. Dennoch diente sie während des Dreißigjährigen Krieges im Jahr 1645 beim Kampf gegen die Schweden als Rückzugsstätte für die Bevölkerung. Während der Schlacht beobachtete der schwedische Anführer Torstenson den Angriff vom gegenüberliegenden Pösingberg aus. Als er gerade sein Mittagsmahl aß, sollen plötzlich Wurfgeschosse der Verteidiger an seinem steinernen Tisch niedergegangen sein. Die für ihn unerklärlichen Einschläge erschreckten Torstenson derart, dass er sofort den Abzug anordnete. Seitdem wird dieser Stein als »Schwedentisch« bezeichnet.

Beide Plätze sind vom bekannten Weinort Straß im Straßertale aus gut erreichbar. Das Dorf war bis zu den Bauernaufständen 1597 direkt neben der Burg gelegen, wurde danach aber 3km nach Süden verlegt. Der »Manhartsberg-Radweg« führt durch das Tal, fast direkt zur Ruine – generell eignet sich die Region Straßertal hervorragend für Wanderungen und Radtouren. Sanfte Hügel, Kellergassen, Rebgärten und Wälder bieten hier viel Abwechslung und Erholung.

Koordinaten: 48.4975, 15.7319

PLACE 8

Turris

Der Bergfried der Pottenburg bei Wolfsthal

START & ÖFFIS
2412 Wolfsthal
↔ 🚆 Wolfsthal Bahnhof

TOURDETAILS
8km (2½h) | R | ↑200hm | mittel

- Beeindruckende Burgruine mit mittelalterlichem Ambiente

In den Hundsheimer Bergen

Der Bergfried war in der Regel der unbewohnte, wehrfähige Hauptturm einer mittelalterlichen Burganlage und befand sich meist in deren Zentrum. Neben seiner Wehr- und Zufluchtsfunktion erfüllte das steinerne Bauwerk vor allem die Rolle eines Statussymbols. Höhe und Sichtbarkeit sollten dabei Macht und Reichtum des Burgherren verdeutlichen.

Ein besonders stattlicher Bergfried ist in Österreichs östlichster Burgruine, der Pottenburg, großteils erhalten geblieben. Diese befindet sich rund 2km südwestlich von Wolfsthal, unweit des aufgelassenen Abschnitts der Pressburger Bahn. Ein Wanderweg führt von dort auf die Königswarte (wo sich auch ein Aussichtsturm mit Panoramablick befindet), knapp an der ehemaligen Spornburg vorbei. Erstmals erwähnt wird die Pottenburg bereits Ende des 10. Jhdts. – die noch erhaltenen Reste datieren allerdings vermutlich aus dem 12. bis 14. Jhdt. In dieser Zeit fungierte sie als bedeutende Wehranlage an der Hainburger Pforte für Österreich; jedoch wurde sie mehrmals auch von den Ungarn erobert. Im frühen 16. Jhdt. wurde sie aufgrund der verringerten Verteidigungsfähigkeit gegen neue Waffensysteme verlassen und letztendlich von den Osmanen zerstört.

Freilich ist es üblich, dass sich um alte Burgruinen Legenden ranken: So soll die hässliche Burgherrin versucht haben, ihr Erscheinungsbild zu verschönern, indem sie sich mit dem

Blut junger Mädchen wusch. Der Zugang zur Anlage, die aufgrund dieser Sage gelegentlich als »Mädchenburg« bezeichnet wird, erfolgt durch ein zauberhaftes Rundbogentor. Nach einigen Schritten nebst steinalten Gemäuern ist der imposante, fast 30m hohe Bergfried erreicht. Entschlossene Abenteurer klettern nun mithilfe des Seils (vormals Leiter) über den Hocheinstieg in das Innere des riesenhaften Turms empor. Schmale Treppengänge führen zwischen meterdicken Bruchsteinmauern nun Stockwerk um Stockwerk nach oben.

Koordinaten: 48.1189, 17.0261

Im Inneren

PLACE 9

Wildwuchs

Die Burgruine Neudegg bei Pulkau

START & ÖFFIS

3751 Sigmundsherberg: Missingdorf

→ 🚌 Missingdorf Ortsmitte

← 🚌 Pulkau Hauptplatz

TOURDETAILS

9,3km (2½h) | S | ↑ 110hm | mittel

• Mauerreste im wilden Pulkautal

Im Pulkautal

Die über 50km lange Pulkau schlängelt sich vom Wald- ins Weinviertel und passiert dabei so manchen reizvollen Ort. An ihren Ufern standen einst etliche Mühlen, von denen viele längst verschwunden sind. Eine davon, die Ruttnermühle, wurde von der kleinen Höhenburg Neudegg überwacht. Von beiden sind gut 3km westnordwestlich der Stadtgemeinde Pulkau lediglich einige verstreute Mauern übriggeblieben, die allmählich von der gefräßigen Natur verschlungen werden. Ein markierter Wanderweg führt hinunter ins Flusstal und verläuft direkt an den Überresten der Mühle vorbei. An gleicher Stelle, dem Fuße des Burgfelsens, führt ein schmaler Pfad einige Schritte hinauf zur Burgruine. Vor allem in den Sommermonaten ist dieser dicht verwachsen und macht den Aufstieg somit zu einem interessanten Unterfangen. Weiter oben lichtet sich der Wald, eine alte Sitzbank lädt zur Rast ein. Von hier aus sind einige

Überreste der vermutlich im 12. Jhdt. errichteten Burganlage schon zu erspähen, gleichzeitig bietet sich unerwartet ein beeindruckender Überblick über die leicht hügelige Landschaft. Die Pulkau hat sich tief in dieses (zumindest scheinbar) naturbelassene Grenzgebiet zwischen Wald- und Weinviertel eingeschnitten.

Eine erst vor kurzem erneuerte Holzbrücke führt über den ehemaligen Burggraben hinweg zum markantesten Teil der Anlage: der Südwand des Kapellenturms. Oben in der Bruch-

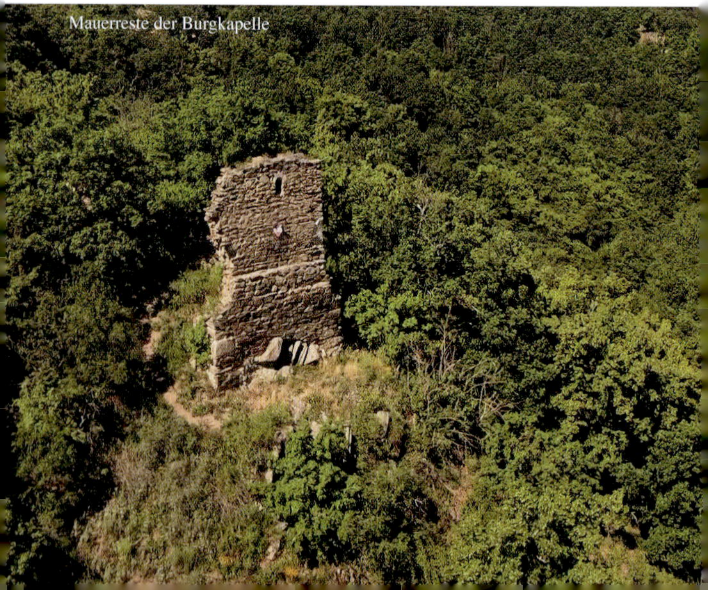

Mauerreste der Burgkapelle

steinmauer befindet sich ein kleines, aber charmantes Rundbogenfenster. Je nach Jahreszeit lassen sich im überwucherten Gelände noch wenige weitere Überbleibsel ausmachen. Die Ringmauer (Bering) und der Bergfried sind jedoch praktisch verschwunden – tatsächlich wurden die Gemäuer bereits im 15. Jhdt. als »öde« beschrieben. Die Burg bot zwar einen tadellosen Überblick über das Tal, jedoch schien ihre Lage aus wehrtechnischer Sicht suboptimal, da das Gelände nordwestlich höher gelegen und problemlos erreichbar ist.
Koordinaten: 48.7142, 15.8146

Pulkautal

PLACE 10

Blätterversteck

Die Burgruine Stallegg am Kamp

START & ÖFFIS
3571 Rosenburg-Mold: Stallegg
→ 🚆 Kamegg Bahnhof
← 🚆 Rosenburg Bahnhof

TOURDETAILS
7,5km (2¼h) | S | ↑ 200hm | mittel
• Von Bäumen versteckte Gemäuer

Im unteren Kamptal

Von den einstmals zahlreichen Burgen entlang des Kampflusses sind heute oft nur noch die Ruinenmauern übriggeblieben. Dieses Schicksal ereilte auch die Veste Stallegg (häufig auch Staleck), welche sich im dichten Gehölz, rund 2 km nordnordwestlich von Gars am Kamp verbirgt. Angesichts des im Laufe der Jahre immer dichter werdenden Laubwerks ist diese vom Tal aus kaum noch auszumachen. Das verfallene Bauwerk ist aber vom gleichnamigen Ort – zumindest in Luftlinie – nur einen Katzensprung entfernt. Ein einsamer Wegpfeil weist hinauf in den Wald, die Forststraße entlang. Die letzten Schritte zu den alten Gemäuern müssen allerdings im weglosen Gelände bewältigt werden. Sofort ist ersichtlich, dass die vermutlich im 12. Jhdt. erbaute Burg schon seit geraumer Zeit in einem ruinösen Zustand verweilt. Tatsächlich wurde sie bereits um 1600, also noch vor dem blutigen Dreißigjährigen Krieg, als verfallen beschrieben. Zurück bleiben lediglich vereinzelte Mauerreste aus Stein, die jedoch noch die einstigen Ausmaße einer wahrscheinlich prächtigen Anlage erahnen lassen. Im dichten Unterholz sind unter anderem Überbleibsel der Ringmauer, des Bergfrieds und der Burgkapelle zu entdecken. Auch eine kleine Feuerstelle ist zu finden, welche womöglich von einer hiesigen Pfadfindergruppe errichtet wurde. Wenn sich der Abend über die Ruinenmauern legt und die Schatten länger werden, entsteht hier bei flackerndem Licht ohne Zweifel ein schauriges Ambiente...

Die Burgruine Stallegg ist nicht der einzige Ort in der Gegend mit mystisch-verwunschenen Flair: Knapp 2km nördlich befindet sich unterhalb des bekannten Renaissanceschloss Rosenburg die sagenumwobene Graselhöhle (auch Zwergloch genannt). Die Höhle war eines von vielen Verstecken des »Räuberhauptmanns« Johann Georg Grasel, welcher die Bevölkerung im Frühen 19. Jhdt. in Angst und Schrecken versetzte und schließlich in Wien gehängt wurde.

Koordinaten: 48.6122, 15.6421

PLACE 11

Schattenriss

Die Burgruine Hohenstein an der Krems

START & ÖFFIS
3521 Gföhl: Unter Meisling
↔ 🚌 Unter Meisling Ort

TOURDETAILS
12,6km (3h) | R | ↑ 120hm | mittel

- Geheimnisvolle Ruine einer Spornburg
- Idyllisches Flusstal

Im Kremstal

Ähnlich dem Kamp hat sich die Krems tief durch die Landschaft des ehemaligen Hochgebirges des Waldviertels geschnitten. Beide Flüsse schlängeln sich durch eine Region, die geprägt ist von alten Gemäuern. Einige dieser im steilen Gelände errichteten Höhenburgen erzählen fesselnde Geschichten, so wie die Burg Hartenstein im kleinen Kremstal, deren Bewohner sich im Dreißigjährigen Krieg listreich gegen die schwedischen Belagerer erwehrt hatten. Jedoch sind nicht von jedem historischen Bauwerk detaillierte Aufzeichnungen oder spannende Legenden überliefert. Über die Geschichte der Burgruine Hohenstein, welche sich gut 6km südsüdwestlich von Gföhl befindet, ist nur mehr wenig bekannt. Unklar ist auch, warum die Burg letztendlich verfallen ist. Möglicherweise wurde sie im 17. Jhdt. von den Schweden gesprengt, allerdings war bereits im Jahr 1456 von einer »öden Veste« die Rede. Unwiederbringlich vergessen sind heute all das Leid und die Tragödien, aber auch die schönen Momente, die sich einst an diesem Ort ereignet haben. Sicher scheint nur, dass das Geschlecht der Hohensteiner, welches die Veste vermutlich im 12. Jhdt. errichten ließ, bereits seit langem ausgestorben ist.

Der »Waldviertel-Weitwanderweg« verläuft nahe an der Burgruine vorbei. Lediglich die Brücke über die Krems muss überquert werden, danach führt ein etwas verwilderter Pfad die letzten Meter hinauf auf den Felssporn, wo sich

zahlreiche verstreute Gemäuer finden lassen. Beim Erkunden des steilen Geländes, insbesondere im Bereich der ehemaligen Burgkapelle an der Ostflanke, ist jedoch äußerste Vorsicht geboten. Wieder unten, führt der Wanderweg tiefer in das Kremstal, vorbei an einem malerischen, alten Wasserkraftwerk. Einige Kilometer flussaufwärts, unterhalb der bereits erwähnten Burg Hartenstein, befindet sich die Gudenushöhle. Grabungsfunde belegen, dass hier bereits vor 70.000 Jahren Neandertaler ansässig waren.

Koordinaten: 48.4665, 15.4425

PLACE 12

Irrlicht

Die Burgruine Waasen bei Weinburg

START & ÖFFIS
3205 Weinburg
↔ 🚉 Weinburg Bahnhof

TOURDETAILS
2,6km (¾h) | R | ↑ 50hm | leicht

- Beeindruckender Turmrest
- Verschüttetes Gewölbe

Im Pielachtal

Auch im »Tal der Dirndln« gibt es zahlreiche alte Gemäuer zu entdecken. Besonders bekannt sind die von weitem sichtbaren, in der Nacht beleuchteten Überreste der Burg Rabenstein. Ganz im Kontrast dazu versteckt sich ein Stück weiter flussabwärts die Burgruine Waasen im Unterholz. Auch wenn sich der gleichnamige Ort nur ein paar hundert Meter östlich davon befindet, sind dennoch GPS-Koordinaten, taugliches Kartenmaterial oder alternativ viel Zeit erforderlich, um den Standort zu finden. Markierungen oder Hinweisschilder fehlen gänzlich, jedoch ist aufgrund der in Österreichs Wäldern geltenden Wegefreiheit (mit einigen Ausnahmen) ein Betreten natürlich dennoch erlaubt.

Südlich der an die Mariazellerbahn angebundene Gemeinde Weinburg (in dessen Dorfmuseum auch ein Modell der Burg Waasen zu finden ist) führt eine Zufahrtsstraße bzw. später ein Forstweg die bewaldete Anhöhe hinauf. Nach kurzer Gehzeit zweigt rechtsseitig ein schmaler Pfad ab, der knapp an den Ruinenmauern vorbeiführt. Inmitten des dichten Unterholzes lassen sich nun die verstreuten Reste der um 1200 errichteten Veste entdecken. Immer noch gut erkennbar ist der Ringgraben, welcher mit dem längst verschwundenen Burgteich verbunden war. Neben den zahlreichen Fundamenten ist das markanteste Überbleibsel jedoch ein mehrstöckiger Rundbau, der entfernt gar an einen Leuchtturm erinnert und dessen Mauern nach wie vor Wind und Wetter

trotzen. Historische Illustrationen zeigen eine imposante Burganlage auf einer kaum bewaldeten Hügelfläche; der jetzige Zustand könnte gegensätzlicher nicht sein. Gegen Ende des 18. Jhdts. setzte der Verfall ein – die steinernen Bestandteile fanden vermutlich anderswo als Baumaterial Verwendung. Ähnlich wie bei den anderen in diesem Buch vorgestellten Burgruinen ist auch hier der Fall: Was der Mensch in Gang gesetzt hat, setzt die Natur fort. Unablässig holt sie sich zurück, was ihr gehört.

Koordinaten: 48.1087, 15.5268

PLACE 13

Molendinum

Die Reithmühle am Kamp

START & ÖFFIS

3543 Krumau am Kamp: Thurnberg

→ 🚌 Thurnberg Kampbrücke

← 🚌 Krug/Neupölla Bundesstraße

TOURDETAILS

13km (3½h) | S | ↑230hm | mittel

• Verwaiste Gebäude im Unterholz

Im mittleren Kamptal

Einige alte Mühlen am Kamp wurden aufgrund der Errichtung der Stauseen Mitte des 20. Jhdts. abgetragen. Die Grundmauern liegen heute unter Wasser und sind im besten Fall nur noch von Tauchern zu finden. Unterhalb der Thurnberger Staumauer fließt der Kamp trotz einer gewissen Abschwächung jedoch noch immer in seiner ursprünglichen natürlichen Form. Hier lässt sich noch einiges finden, was an anderer Stelle bereits untergegangen ist. Der wassernah verlaufende »Kamptal-Seenweg« führt an gleich zwei alten Mühlenruinen vorbei, die sich nordöstlich von Wegscheid am Kamp befinden. Auf einer Wiese zwischen Wald und Fluss, eine Stunde Fußweg entfernt, liegt die verfallene Grub- bzw. Bienenthal-Mühle. Es sind die letzten Reste eines kleines Dorfes, welches nach der Errichtung des Truppenübungsplatzes Allentsteig und dem Bau der Kraftwerke aufgegeben wurde. Hier gabelt sich der Pfad: Während der »Seenweg«

dem Verlauf des Kamps folgt, führt ein anderer den Berg hinauf zur nahen Burgruine Schauenstein, welche vor allem wegen ihres imposanten Bergfrieds bekannt ist.

Nach weiteren 3km entlang des Flusses fallen mehrere große Gemäuer ins Auge. Es handelt sich um die Überreste der Reithmühle, einem verlassenen, mehrstöckigen Bauwerk inmitten der üppig wuchernden Pflanzenwelt. Ein einsamer und in Vergessenheit geratener Ort, der jedoch bei näherer Betrachtung zweifellos einen mittelalterlichen Charme ver-

mittelt – tatsächlich reichen die Wurzeln bis ins 13. Jhdt. zurück. Im Dickicht sind jedoch auch deutlich jüngere Gebäude zu entdecken; diese zeugen davon, dass die Mühle zu Beginn des 20. Jhdts zu einem Kleinwasserkraftwerk umgebaut wurde, das vor der Drosselung des Kamps einige Dörfer mit Strom versorgte. An anderer Stelle, auf der Seite des Berghangs, soll sich irgendwo ein großer Keller verbergen. Es wird erzählt, dass dort einst sogar ein unterirdischer Zugang zur Burg Schauenstein existierte...

Koordinaten: 48.6308, 15.5402; Achtung: Offline-Karte notwendig

PLACE 14

Nordmauern

Die »Gaberkirche« bei Luden

START & ÖFFIS
2095 Drosendorf
↔ 🚏 Drosendorf Schulen

TOURDETAILS
11,6km (3h) | R | ↑ 200hm | mittel

- Schaurige Kapellenruine
- Träumerisches Drosendorf

Im Thayatal

Drosendorf ist die einzige Stadt im Land, die noch von einer vollständig geschlossenen Stadtmauer umgeben ist. Darüber hinaus zieht sich die Thaya wie eine Schlinge um den malerischen Ortskern. Es scheint, als ob die Zeit hier stehengeblieben ist. Innerhalb der Mauern finden sich Bauwerke wie das Rathaus, welches einem Märchenbuch entsprungen sein könnte, aber auch eine Prangersäule zur einstigen Bestrafung von »sittenlosen Weibern« und »trunksüchtigen Männern«. Etwas südlich des Zentrums steht ein riesiger historischer Schüttkasten, der im Ersten Weltkrieg als Internierungslager für Personen aus Staaten, welche sich im Krieg mit Österreich-Ungarn befanden, genutzt wurde. Weitaus weniger auffällig ist die Burgruine Gaber, gut 2km westnordwestlich von Drosendorf. Die einzigen noch stehenden Mauern der vermutlich im 14. Jhdt. errichteten Anlange sind Reste der Burgkapelle, weshalb sich die Bezeichnung

»Gaberkirche« eingebürgert hat. Ein spärlich markierter Wanderweg führt von der Thayabrücke aus um den Golfplatz herum schließlich zum Gaberbach. Einmal mehr sind hier brauchbares Kartenmaterial bzw. GPS-Koordinaten sinnvoll, um die richtige Route zu wählen.

Sobald die Kapellenruine erreicht ist, wird deutlich, weshalb dies auch ein Wallfahrtsort gewesen sein soll. Details wie Spitzbogenfenster erinnern noch heute an die gotische Kirchenarchitektur und schaffen eine mystisch-sakrale Atmo-

Drosendorf

sphäre. Schon Mitte des 16. Jhdts. wurde die Burg als »öde« beschrieben – zur selben Zeit soll in dem maroden Bauwerk allerdings noch ein Fräulein namens »Margarethe von Schneckenreith« gehaust haben. Hieraus scheint auch eine Sage entstanden zu sein: Die »Gaberkirche« sei ein unheimlicher Ort, wo seltsame Wesen zu gewissen Zeiten auftauchen und Vorbeigehende necken. Auch soll ein Riese eine Prinzessin gefangen halten, welche auf einer Riesenschnecke sitzt, in deren Gehäuse sich wiederum ein Schatz befindet...

Koordinaten: 48.8796, 15.5827

PLACE 15

Hexenwerk

Die Burgruine Altlengbach

START & ÖFFIS
3033 Altlengbach
↔ Bus Altlengbach Ortsmitte

TOURDETAILS
3,4km (1h) | R | ↑ 100hm | leicht

- Geheimnisvolles Mauerwerk
- Erholsamer Wienerwald

Im Reich der Elsbeere

Auch im Umland der Bundeshauptstadt lassen sich einige verfallene Burgen finden – bei Ausflüglern besonders beliebt sind die Ruinen Mödling und Rauheneck nebst Baden. Weniger bekannt ist die Burgruine Altlengbach am Rande des Wiesenwienerwalds, deren spärliche Überreste längst im Gesträuch unter den Baumkronen verschwunden sind. Die Veste wurde erst gegen Ende des Mittelalters um 1400 erbaut, allerdings bereits wenige Jahrzehnte danach als »öde« beschrieben. Später erfolgte zwar der Wiederaufbau (der mit einer barocken Umgestaltung einherging) aber letztendlich wurde das Bauwerk während der zweiten Türkenbelagerung, auch aufgrund mangelnder Verteidigungsfähigkeit, endgültig zerstört. Im Übrigen nicht das einzige Unglück, das Altlengbach im Laufe der Geschichte heimgesucht hat: Zwischen den beiden für die Bevölkerung verheerenden Osmaneneinfällen brachen im Ort zwei Pestepidemien aus.

Zudem verursachten sowohl das schlimme Erdbeben im Jahr 1590 als auch später die blutigen Kämpfe im Zweiten Weltkrieg erhebliches Leid und Zerstörung.

Die Burgruine befindet sich rund 1km westlich der Pfarrkirche, ein am Soosberg angelegter Rundwanderweg verläuft direkt an den Gemäuern vorbei. Die wenigen Relikte der Anlage befinden sich nahe des Lengbachs – bei dichtem Bewuchs können diese leicht übersehen werden. Am auffälligsten sind die noch vorhandenen Überbleibsel der einst-

mals fast quadratischen Hochburg. Ein schmaler Pfad führt durch das Gestrüpp den kleinen Erdhügel hinauf. Die Reste der alten Steinmauern wirken hier wie unheilverkündende Pfeiler, die eine okkulte Stätte umgeben könnten. Tatsächlich entsteht der Eindruck, mitten in einem übergroßen, steinernen Hexenring gelandet zu sein. Man selbst ist dabei lediglich das winzige, verwunschene Insekt, welches sich unter dem hohen Gras vor den diabolischen Mächten verstecken muss. Nein, kein Jäger mehr, sondern Beute...

Koordinaten: 48.1522, 15.9159

PLACE 16

Monasterium

Die Klosterruine Riederberg

START & ÖFFIS
3005 Ried am Riederberg
↔ 🚌 Riederberg Riederberghöhe

TOURDETAILS
2,8km (¾h) | R | ↑ 80hm | leicht

- Beschauliche Waldschlucht
- Informationstafeln bei den Gemäuern

Im westlichen Wienerwald

Unweit der Bundeshauptstadt, rund 5km nordöstlich von Gablitz, befindet sich buchstäblich ein verstecktes Paradies: der Klostergraben mit den Überresten des »Sancta Maria in Paradyso«. Vom Riederberg aus lässt sich die Lichtung mit den verbliebenen Gemäuern des Klosters in kurzer Zeit erreichen. Mit jedem Schritt hinab verdrängt der Vogelgesang und das sanfte Rauschen des Baches den Lärm der Straße. Das Kloster diente vorrangig als Ausbildungsstätte und wurde Mitte des 15. Jhdts. im Namen des Franziskaner-Observanten-Ordens gegründet. Die erhaltenen Ruinenmauern erinnern noch entfernt an die schlichte Architektur der Kirchengebäude – charakteristisch für die Franziskaner, welche ein Leben in Armut und Besitzlosigkeit anstreben. Anfang des 16. Jhdts. richtete ein Brand schwere Schäden an, bevor das Kloster 20 Jahre später, während der ersten Wiener Türkenbelagerung, endgültig demoliert und nicht wieder aufgebaut wurde. Bei dem Massaker mussten auch viele Ordensbrüder ihr Leben lassen. Wie so oft wurden die steinernen Überreste im Laufe der nachfolgenden Jahrhunderte von den Bewohnern der umliegenden Dörfer weitestgehend abgetragen. Außerhalb der Lichtung lassen sich noch weitere Spuren aus vergangenen Zeiten finden – etwa das »Bründl«, eine angeblich regenbringende Quelle. Ein Wassergeist soll darin hausen, welcher – wenn er erzürnt ist – Donner, Blitz, aber auch den erhofften Regen bringt...

Koordinaten: 48.2476, 16.0871

PLACE 17

Blutschwur

Die Kapelle »Zur Toten Frau« bei Oberbergern

START & ÖFFIS

3512 Bergern im Dunkelsteinerwald

→ 🚌 Oberbergern Ortsmitte oder Schule

← 🚆 Paudorf Bahnhof

TOURDETAILS

14,3km (4h) | S | ↑ 400hm | schwer

- Mystischer Wald mit uralten Wegen

Im Dunkelsteinerwald

Zwischen den Städten St. Pölten, Krems und Melk erstreckt sich der Dunkelsteinerwald, welcher eine Fülle an Geschichten aus verschiedenen Epochen der Vergangenheit beherbergt. Ein Zeugnis aus den blutigsten Zeiten ist der Soldatenfriedhof bei Oberwölbling. Tausende, größtenteils junge Soldaten liegen dort begraben, die in einer der letzten Schlachten des Zweiten Weltkriegs gegen die zahlenmäßig weit überlegene Sowjetarmee in aussichtsloser Position hier gekämpft hatten.

Mehr als 300 Jahre zuvor begab sich ein Kaufmannsehepaar aus St. Pölten auf eine Wallfahrt zur nahegelegenen Kirche Maria Langegg, um die Genesung ihres erkrankten Kind zu erbitten. Kurz vor ihrem Ziel wurden sie in den damals viel dichteren und gefährlicheren Wäldern von Räubern überfallen. Der Überlieferung zufolge wurde der Mann auf der

Stelle erschlagen. Seine Frau flehte darum, noch ein Stück des Weges weiterzugehen, um einen Platz zu erreichen, von dem aus sie die Kirche sehen konnte, bevor schließlich auch sie ihr Leben verlor. Später wurde an einer nahen Eiche ein Bild angebracht, um an die schreckliche Tat zu erinnern. Anfang des 19 Jhdts. wurde es durch eine Kapelle an derselben Stelle ersetzt. Diese befindet sich knapp 2km südlich von Oberbergern; ein markierter Wanderweg führt auf den Bolzenberg, direkt an Kapelle und Grab vorbei. Die Bäume sind inzwischen gewachsen und versperren nun den Blick

auf die Wallfahrtskirche Maria Langegg. Aber auch ohne Aussicht übt der stille und geheimnisvolle Dunkelsteinerwald eine faszinierende Anziehungskraft aus. Ein Stück weiter entlang des Weges befindet sich ein hölzernes Marterl, welches an den ermordeten Ehemann erinnert. Der erwähnte Soldatenfriedhof liegt ungefähr 5km südöstlich von diesem Platz, am Rande des Walds. Ebenfalls in der Gegend, nahe Paudorf, finden sich die riesigen Mammutbäume, welche 1880 vom Waldmeister des Stiftes Göttweig gepflanzt wurden.

Koordinaten: 48.3476, 15.5367

PLACE 18

Verrat

Die Allelujahöhle am Himberg

START & ÖFFIS
2734 Puchberg am Schneeberg
↔ 🚉 Puchberg am Schneeberg Bahnhof

TOURDETAILS
6,2km (2½h) | R | ↑360hm | schwer

- Beeindruckende Höhle
- Einsamer Berg mit verlassenem Gipfel

In den Gutensteiner Alpen

Der Sierningbach trennt den Himberg von seinem großen Bruder, dem Schneeberg. Im Gegensatz zum überlaufenen höchsten Berg des Bundeslandes hat der nicht einmal halb so hohe Himberg heutzutage keinerlei touristische Relevanz mehr. Dies war jedoch nicht immer so: 1949 wurde ein Sessellift errichtet, welcher kurz vor der Jahrtausendwende wieder abmontiert wurde. Auch der Betrieb der Schutzhütte wurde daraufhin eingestellt. Rund einen Kilometer östlich des Puchberger Ortskerns führt ein markierter Weg die Nordseite des nunmehr einsamen Hügels hinauf. Auf halber Strecke zum Gipfel verläuft der Pfad fast direkt an der Allelujahöhle vorbei. Aufgrund der Steilheit des Geländes bleibt diese Route allerdings den Trittsicheren vorbehalten.

Nur wenige Lichtstrahlen dringen in die imposante Höhlenkammer ein, in der sich einer Sage nach ein schreckliches

Ereignis zugetragen haben soll: Die Bevölkerung des Tales versteckte sich während der Zweiten Türkenbelagerung an diesem Ort. Eine Frau mit schreiendem Kleinkind soll allerdings weggeschickt worden sein, um die Angreifer nicht auf sich aufmerksam zu machen. Eine Feuerstelle wurde schließlich den Flüchtlingen in der Höhle zum Verhängnis – die Osmanen sahen den Rauch und ermordeten daraufhin alle. Der Legende nach überlebte nur die weggeschickte Mutter. Tatsächlich sollen hier im 19. Jhdt. Menschenknochen gefunden worden sein.

Der Gipfel mit dem verlassenen Himberg-Haus ist nur mehr eine halbe Stunde bergaufwärts entfernt. Der alte Aussichtsturm oben ist längst verschwunden; gelegentlich eröffnen sich zwischen den Bäumen Fernblicke. Ein Pfad führt den schroffen Westhang hinunter, knapp am »Theresienfelsen« vorbei. An jener Stelle erschoss sich 1926 der berühmte Naturwissenschaftler und »Krötenküsser« Paul Kammerer, nachdem er mit schweren Fälschungsvorwürfen im Zusammenhang mit seinen Experimenten konfrontiert wurde...

Koordinaten: 47.7912, 15.9259

PLACE 19

Ecclesia

Die Wallfahrtskirche am Heiligen Berg

START & ÖFFIS
2123 Kreuttal
↔ 🚉 Hautzendorf Bahnhof

TOURDETAILS
4km (1h) | R | ↑ 50hm | leicht

- Spirituelles Ambiente
- Weinviertler Landstriche

Im Kreuttal

Auch in den verstreuten Wäldern des Weinviertels verbirgt sich manch historisches Vermächtnis: Eine der ältesten Kirchen des Bundeslandes, die Wallfahrtskirche Hl. Lambert am Heiligen Berg befindet sich in einem Hain knapp 2km nördlich von Hautzendorf. Sie ist Lambert von Lüttich geweiht, einem christlichen Märtyrer, welcher sich im 8. Jhdt. ohne Gegenwehr erstechen ließ. Der »Zweigelt-Weinradweg« führt knapp an der Kirche vorbei; durch den aus dem Gehölz ragenden Kirchturm ist das Bauwerk mühelos auffindbar. Mehrere Pfade führen vom Radweg hinauf zur Kirche auf den Heiligen Berg, welcher tatsächlich eher wie eine bewaldete Steilfläche wirkt.

Obwohl das Gotteshaus meist verschlossen ist (eine Besichtigung kann über die Gemeinde Kreuttal organisiert werden), dringt an manchen Tagen der Duft von Weihrauch durch die Türritzen nach draußen. Die geheimnisvolle Aura wird durch Berichte über einen verschwundenen Ort samt Veste namens »Heiligenberg« noch verstärkt, welcher sich rund um die Kirche befunden haben soll. Einer Sage nach hat eine Freveltat des Ortsrichters für eine verheerende Überschwemmung des Dorfes gesorgt. Der Richter lockte den Pfarrer nach einem Streit unter einem Vorwand in sein Haus, wo der Pfarrer anstelle einer todkranken Frau jedoch nur ein totes Schwein vorfand. Nicht unwahrscheinlich ist aber auch eine Zerstörung im Zuge des Ersten Türkenkriegs im Jahr 1529.

Die Pfarre Heiligenberg wurde vermutlich im 12. Jhdt. gegründet, wohingegen das gegenwärtige Kirchengebäude Ende des 17. Jhdt. erbaut wurde. Die umliegenden Ortschaften bekamen erst Mitte des 19. Jhdts. eigene Ortsfriedhöfe, weswegen die Toten auf einem heute nicht mehr vorhandenen Friedhof am Heiligen Berg begraben wurden. In den letzten 150 Jahren war die Kirche mehrmals vom Verfall bedroht, konnte aber immer wieder restauriert werden. Somit ist sie das einzige Überbleibsel von Heiligenberg...

Koordinaten: 48.4623, 16.5001

PLACE 20

Sommertränen

Der Pecherpfad Hölles

START & ÖFFIS
2751 Matzendorf-Hölles
↔ 🚌 Hölles Feuerwehr

TOURDETAILS
2km (½h) | R | ↑ 20hm | leicht

- Altes Handwerk (Schautafeln)
- Waldkapelle mit Rastplatz

Am Steinfeld

Seit Anbeginn der Geschichte nutzt der Mensch die Bäume für sich: als Baumaterial, Brennstoff oder zur Nahrungsgewinnung. In der modernen Welt gerät ein in der Vergangenheit wichtiger Rohstoff jedoch zunehmend in Vergessenheit: Harz, eine klebrige Flüssigkeit, die bestimmte Baumarten nach Verletzungen ausscheiden. Diese Wunden können auf natürliche Weise, beispielsweise durch Insektenbefall, oder aber durch bewusstes Einritzen entstehen. Viele Waldgänger sind mit den v-förmigen Furchen in den Schwarzföhren vertraut, die vor allem im südlichen Niederösterreich zu finden sind. Es sind die Werke der Pecher, die einst die Bäume oberflächlich verletzten, um das in den warmen Jahreszeiten flüssige Harz in den »Pechhäferln« zu sammeln.

Die Wurzeln der Pecherei reichen dabei weit zurück: Schon die Römer sollen in der Thermenregion Harz gewonnen und als Heilmittel eingesetzt haben. Ab dem 18. Jhdt. gewann der Rohstoff zunehmend an Bedeutung für die Wirtschaft; das Baumharz wurde in verschiedenen Verfahren weiterverarbeitet und als Zwischenprodukt beispielsweise in der Papier-, Schuh- oder Seifenindustrie verwendet. In den 1960er Jahren verdrängten künstlich hergestelltes Harz aus Mineralöl und Billigimporte aus dem Ausland jedoch die heimische Baumharzgewinnung. Der fordernde Beruf – ein Pecher bearbeitete bis zu 4.000 Kiefern im Jahr – verschwand weitestgehend. Raffinerien wurden stillgelegt, alte Pech-

Pecherkapelle

siedereien wurden abgerissen oder sind zu Industrieruinen zerfallen. Um dieses traditionelle Handwerk für die Nachwelt zu bewahren, errichtete eine private Initiatorengruppe in den 1990er Jahren einen Schaupfad, welcher sich im Wald westlich der Ortschaft Hölles bei Wr. Neustadt befindet. Der Themenweg kann eigenständig erkundet oder in einer geführten Gruppe besichtigt werden. Das Projekt wurde mittlerweile auch in den Katalog des Immateriellen UNESCO-Welterbes aufgenommen.

Koordinaten: 47.8945, 16.1941

PLACE 21

Martyrium

Die Galgentürme bei Niederfladnitz

START & ÖFFIS
2081 Hardegg: Niederfladnitz
→ 🚌 Niederfladnitz Kriegerdenkmal
← 🚆 Retz Bahnhof

TOURDETAILS
9,5km (2½h) | S | ↑ 80hm | mittel

• Historische Richtstätte, Kellergassen

Im Retzer Land

Lange Zeit wurde angenommen, dass Erhängen in kurzer Zeit zu einem schmerzfreien Tod führt. Erst zu Beginn des 20. Jhdts. wurde durch riskante Selbstversuche festgestellt, dass die Unterbrechung der Blutzufuhr zum Gehirn durchaus erhebliche Schmerzen verursachen kann. In Großbritannien gab es bereits zuvor Bestrebungen, den Todeskampf durch die Anwendung größerer Fallhöhen zu verkürzen, in der Hoffnung, dass dabei das Genick gebrochen würde. Jedoch konnte ein zu langer Sturz auch zu einer unbeabsichtigten Enthauptung führen. Bei der Richtstätte im Fladnitzer Wald nordöstlich von Retz gab es vermutlich keine rollenden Köpfe – aber es ist anzunehmen, dass dort einige gebaumelt sind.

Der wahrscheinlich um 1720 erbaute Galgen ist über Niederfladnitz gut zu erreichen, einer Katastralgemeinde der kleinsten Stadt des Landes, Hardegg. Die Säulen verbergen sich im Gehölz etwa 3km östlich der Ortsmitte in einem Waldgebiet, Wegweiser dorthin sind nur sporadisch vorhanden. Von den einst drei Galgentürmen sind nur noch zwei übrig geblieben, der Dritte wurde vor vielen Jahren durch einen Blitzschlag zerstört. An höchster Stelle waren sie mit einem Holzbalken verbunden. Vielleicht reichten die letzten Blicke der Gehängten von dort oben wenigstens noch weit hinaus hin zu fernen Wiesen und Feldern. Seltsam fremd wirken die Türme zwischen all dem Gehölz. Wenn jemand zufällig diesen Ort entdeckt, könnte er denken, es

handele sich um die Reste eines vergessenen Monuments, ohne zu wissen, welche Schrecken sich hier abgespielt haben. Warum wurde hier ein gemauerter Galgen errichtet, wenn doch viele robuste Äste in nächster Nähe sind? Der Forst am Spittelmaiß wurde erst Ende des 19. Jhdts. angelegt, nachdem Retz von einem verheerenden Hochwasser heimgesucht wurde. Die Bäume und ihre Wurzeln sollten von da an die Kraft des Regens abschwächen. Ein verstecktes Forstdenkmal erinnert an anderer Stelle noch an dieses Ereignis.

Koordinaten: 48.7933, 15.9329

PLACE 22

Spurenjagd

Die Überreste auf der Hohen Mandling

START & ÖFFIS
2763 Pernitz
↔ 🚉 Ortmann Bahnhof

TOURDETAILS
8,5km (3h) | R | ↑ 550hm | schwer

- Verstreute Überreste eines Gehöfts
- Waldreiche Gutensteiner Alpen

Im Piestingtal

Die »Mandlinge«, die Vordere und die Hohe, sind – für österreichische Verhältnisse – eher unscheinbare, bewaldete Erhebungen mit eingeschränkter Aussicht. Dennoch haben sich hier in der Vergangenheit viele Geschehnisse zugetragen. Auf beiden Gipfeln standen einst Schutzhütten: Die auf der Hohen Mandling brannte 2007 ab, während die Hütte auf der Vorderen im Verlauf des Zweiten Weltkriegs zerstört wurde. Im selben Krieg zerschellte eine deutsche Messerschmitt am Südhang der Vorderen Mandling; das »Fliegermoas« an der Absturzstelle erinnert an die verunglückten Soldaten der Lüfte. Ein knappes Jahrhundert davor wurde der – zum damaligen Zeitpunkt – letzte freie Wolf Niederösterreichs erschossen. Dessen Geist soll seither zwischen der »Wolfsbuche« nahe des Gipfels der Hohen Mandling und dem einsamen Gehöft namens »Wolfsgeist« im Wald nordlich von Pottenstein umherspuken.

Die drei Gehöfte auf der Hohen Mandling sind mittlerweile verschwunden. Nur noch wenige Spuren lassen sich finden, kaum mehr als von den vertriebenen Wölfen. Der Hof des »Mittermandlingsbauern« wurde vor nicht allzu langer Zeit abgetragen. Ein Wanderweg führt westlich von Pernitz bei der Abzweigung ins Feichtenbachtal (wo sich auch das »verbotene« Sanatorium befindet), auf den knapp 1.000m hohen Bergstock. Nach ungefähr einem Drittel der Wegstrecke ist die Lichtung erreicht, auf der das Gehöft, wie historische Karten aus dem 18. Jhdt. bezeugen, viele Jahre gestanden

ist. Der Verzicht auf Strom und fließendes Wasser mag anfänglich reizvoll erscheinen, doch in der modernen Welt führt dies oft dazu, dass solche abgelegenen Häuser aufgegeben werden und letztendlich verfallen. In diesem Fall erinnern sogar nur mehr verstreute Dachziegel und Mauersteine an das Anwesen – die Aura des Geheimnisvollen erfüllt die kühle Waldluft. Die steinernen Fundamente der beiden anderen Gehöfte verbergen sich abseits der ausgetretenen Pfade anderswo...

Koordinaten: 47.8925, 15.9914

Abgetragenes Gehöft »Mittermandlingsbauer«

PLACE 23

Refugium

Die »Maurerlucken« bei Petzenkirchen

START & ÖFFIS
3252 Petzenkirchen
↔ 🚉 Petzenkirchen Bahnhof

TOURDETAILS
3,5km (1h) | R | ↑ 20hm | leicht

- Faszinierende Höhlengebilde
- Tierlehrpfad entlang des Baches

Im Erlauftal

Die fruchtbare Gegend um Petzenkirchen im Mostviertel war schon in der Steinzeit besiedelt, was archäologische Funde belegen. Es ist durchaus möglich, dass die zum Teil verborgenen Sandsteinhöhlen in der Region den Menschen dieser Zeit als Unterschlupf dienten. Drei davon befinden sich etwa 1km östlich der Marktgemeinde in dem kleinen Wäldchen beim Mühlbach. Bei den Einheimischen scheint diese etwas versteckte Oase kein Geheimtipp zu sein; viel mehr erfreut sie sich großer Beliebtheit. Bänke laden zur Rast ein, zahlreiche Schautafeln informieren über die hier im Alpenvorland heimischen Tiere, vom Wildschwein bis zum Mäusebussard.

Ein paar Schritte nördlich der dem heiligen Hubertus (der Schutzpatron der Jäger) geweihten Kapelle befinden sich auf der gegenüberliegenden Seite des Baches die Höhlen.

Im Laufe der Zeit dienten diese immer wieder als Zufluchtsstätte für die ansässige Bevölkerung, sei es während der Franzosenkriege um 1800 oder gegen Ende des Zweiten Weltkriegs, als Frauen Schutz vor den heranrückenden russischen Soldaten suchten. Es ist ebenfalls überliefert, dass der Maurermeister Zrenner samt seiner Familie bis zur Mitte des 19. Jhdts. die Höhlen bewohnte, weshalb sich die Bezeichnung »Maurerlucken« bzw. »Maurermeisterlucken« eingebürgert hat. Die obere »Lucke« soll dabei größtenteils vom Meister persönlich in ihre gegenwärtige Gestalt gebracht

worden sein. Diese ist über einen Felsen erreichbar, in den Stufen geschlagen wurden; ein kurzer, aber abenteuerlicher Treppenpfad. Da ein Sturz hier im steilen Gelände schwerwiegende Folgen haben kann, ist der Aufstieg trittsicheren und schwindelfreien Personen vorbehalten. Oben angekommen, vermitteln die Gewölbe tatsächlich den Eindruck von bewohnbaren Räumen. Im Gestein lassen sich verschiedene Details entdecken – aber ebenso kann von dieser Höhe aus der Blick durch die Baumkronen hindurch in die Ferne schweifen.

Koordinaten: 48.1471, 15.1722

PLACE 24

Memento

Der verlorene Pöllerhof bei Alland

START & ÖFFIS

2534 Alland

↔ 🚌 Alland Reha-Zentrum

TOURDETAILS

8,7km (2½h) | R | ↑ 290hm | mittel

- Alte Steinmauern, kleiner Erdkeller
- Naher Wildniswald

Am Fuße des Höherbergs

Das Rehabilitationszentrum Alland befindet sich in ruhiger Lage, abseits des Ortskerns und der Autobahn. Es liegt zwischen den Kernzonen Weinberg und Höherberg des Biosphärenparks Wienerwald. Hier wird keine Forstwirtschaft betrieben, der Wald soll sich in Richtung eines natürlichen Urwalds zurückentwickeln. Vermeintlich nutzloses Totholz bleibt liegen und wird gleichermaßen Nahrungsquelle, Brutstätte und Lebensraum unzähliger winziger Kreaturen. Einige markierte Wanderwege verlaufen entlang der Grenzen dieses Naturschutzgebiets. Rund 2km westlich des Rehazentrums stand auf einer Anhöhe gegenüber dem Höherberg einst der vermutlich im 18. Jhdt. erbaute Pöllerhof bzw. Pöllenhof. Die Überbleibsel befinden sich im unmarkierten Gelände, unweit der scharfen Kehre. Nebst einer Wiesenlichtung lassen sich, insbesondere in der kalten Jahreszeit, einige Mauerreste im Unterholz ausmachen. Ansonsten erinnert nur noch wenig an das Gehöft: Bleche und Ziegel liegen im Dickicht, ein kleiner, gemauerter Keller stürzt langsam in sich zusammen; gleich dem Sand einer Stundenuhr häuft sich Erde darin an.

In allen vier Vierteln des Bundeslandes, meist jedoch weiter im Hinterland, gibt es Plätze wie diesen: verfallene und vergessene Gehöfte, die einst aufgegeben wurden. Während über Burgruinen meist noch Aufzeichnungen oder Erzählungen in Form von Sagen existieren, verschwinden die

Erinnerungen hier zügig. Von den Jahrhunderten bleiben manchmal nur wenige steinerne Reste übrig, die Geschichten sind auserzählt. Dennoch ist zumindest in diesem Fall nicht alles verloren gegangen, in fotografischer Form lebt der alte Bauernhof weiter: in der Allander Topothek – *topothek.at* ist eine virtuelle Sammlung von historischen Bildern und Aufzeichnungen aus Österreich – lassen sich unter dem Begriff »Pöllahof« noch Bilder des Gehöfts finden, welche vor dem Abriss 1972 entstanden sind.

Koordinaten: 48.0488, 16.0228

PLACE 25

Skulpturenspiel

Die Brunnenstube hinter Schloss Maissau

START & ÖFFIS

3712 Maissau

↔ 🚌 Maissau Wiener Straße

TOURDETAILS

3,7km (1h) | R | ↑ 100hm | leicht

- Gotische Baukunst
- Alter Schlosswald mit Naturlehrpfad

Am Fuße des Manhartsbergs

Die Stadtgemeinde Maissau, bekannt für edle Weine und ihr Amethystvorkommen, liegt genau an der Grenze zwischen Wald- und Weinviertel. Hier findet sich ein prächtiges, einst aus einer Burg hervorgegangenes Schloss, dessen Wurzeln bis ins 12. Jhdt. zurückreichen. Das Anwesen wurde im Laufe der Zeit immer wieder umgestaltet und ist inzwischen zu einem Sammelsurium verschiedener Bauzeiten und Architekturstile geworden. Gleichwohl bleiben die Pforten für Besucher – außer zu besonderen Anlässen – versperrt.

Der alte Schlossgarten am Hang dahinter ist jedoch für jedermann frei zugänglich. Südlich der Anlage weist ein Wegpfeil auf der Kremser Straße den Pfad auf den Rücken des langgezogenen Manhartsbergs hinauf; auch ein Waldlehrpfad befindet sich dort. Tatsächlich ist aus dem einstigen Garten mittlerweile ein waschechter Wald geworden, der sich ähnlich mannigfaltig wie der zugehörige Schlosskomplex präsentiert. Zwischen den verstreuten Schautafeln und Rastbänken verbergen sich verschiedene historische Relikte.

Ein seltsam anmutender Bildstock mit einem markanten, konisch geformten Schindeldach sticht ins Auge. Dieses »Marterl« ist eigentlich der tote Stamm einer dem Heiligen Georg – seines Zeichens Märtyrer und legendärer christlicher »Drachentöter«– gewidmeten Eiche, welche vor Jahrzehnten erkrankte und daraufhin »geköpft« wurde.

Brunnenstube

Weiter entlang des Weges lassen sich zwischen den teils uralten, hochgewachsenen Bäumen barocke Steinvasen und verzierte Obelisken finden. In diesem alten Schlosswald erwacht eine märchenhafte Welt zum Leben, voller zauberhafter Spiele, deren Regeln jedoch längst in Vergessenheit geraten sind. Besonders bemerkenswert: Die kunstvoll gestaltete Brunnenstube, welche entfernt an eine kleine Kapelle erinnert. Sie dient(e) nicht nur der Wassergewinnung, sondern ist auch ein Verlobungsdenkmal aus dem späten 18. Jhdt.

Koordinaten: 48.5722, 15.8210

PLACE 26

Diabolus

Die »Teufelskirche« bei Wetzlas

START & ÖFFIS
3594 Pölla: Franzen
↔ 🚌 Franzen Abzw. Ort

TOURDETAILS
11,5km (3h) | R | ↑200hm | mittel

- Verfallendes Bauwerk
- Sagen-Rundweg, naher Kampstausee

Beim Stausee Dobra

Die »Teufelskirche«, gelegen zwischen dem Schloss Wetzlas und der Burgruine Dobra im Waldviertel, ist freilich kein Kirchengebäude im herkömmlichen Sinn. Vielmehr handelt es sich um einen turmartigen Pavillon, welcher – vermutlich nicht zufällig – dem Kaiserpavillon im Tiergarten Schönbrunn ähnelt. Einer Sage nach trafen sich hier zwielichtige Gesellen zum Kegeln. Dem Gewinner wurde eine schöne Maid versprochen, während der Verlierer sich mit einer alten Hexe zufriedengeben musste. Letztendlich war der Verlierer darüber so erzürnt, dass er mit großem Lärm unter einer Rauchwolke verschwand und auf dem Holzboden einen eingebrannten Abdruck eines Pferdehufs hinterließ. Da war man sich sicher: Es war der Leibhaftige, der hier mitgespielt hatte.

Da diese seltsame Begegnung nicht das einzige obskure Geschehen war, das sich in der Gegend zugetragen haben soll, wurde sogar – ausgehend von Franzen – ein eigener »Sagen-Rundweg« eingerichtet. Auf diesem weist östlich von Reichhalms ein Wegpfeil den schmalen Pfad hinauf zum um 1800 errichteten Pavillon. Die denkmalgeschützte »Teufelskirche« steht auf einer Waldschneise – sofort ist ersichtlich, dass über die Jahre Wind und Wetter dem Gebilde stark zugesetzt haben. Die Reste des morschen Holzdachs könnten jederzeit zusammenfallen; von einem Betreten ist dringend abzuraten. Das Bauwerk verfällt zusehends, und wartet – Stand 2023 – auf eine Restaurierung. Und dennoch

versprüht es einen ganz eigenen Charme. Die Ochsenaugen lassen nur diffuses Licht in das Erdgeschoß mit gewölbter Decke eindringen. Eine Natursteintreppe führt auf die zweite Ebene, von der aus durch die acht Rundbogenöffnungen zumindest die nähere Umgebung überblickt werden kann. Ausgerechnet hier, nur wenige Kilometer entfernt von dieser »Teufelskirche« hatte der »böhmische Gefreite« seine familiären Wurzeln. Ein unheilvoller, aber dennoch bemerkenswerter Zufall...

Koordinaten: 48.6007, 15.3990

PLACE 27

Vanitas

Die »Hanselburg« im Loosdorfer Wald

START & ÖFFIS

2133 Fallbach: Loosdorf bei Staatz

→ 🚌 Loosdorf b. Staatz Nr. 65

← 🚆 Frättingsdorf Bahnhof

TOURDETAILS

6,2km (1½h) | S | ↑ 110hm | leicht

• Außergewöhnliche Fantasieruine

Bei der Quelle des Mistelbachs

Die »Hanselburg« ist keine verfallene mittelalterliche Burg, sondern tatsächlich eine künstlich geschaffene Ruine. Diese Bauwerke sind in der Regel Überbleibsel aus den verträumten englischen Landschaftsgärten der Romantik-Ära. Die Motive dieser Epoche wie Naturverbundenheit, Wirklichkeitsflucht, Geschichtsbewusstsein, Vergänglichkeit oder unerfüllte Sehnsucht sollten darin Ausdruck finden. Verantwortlich für diese und weitere Kunstruinen, Fantasieburgen sowie Landschaftsgärten in Niederösterreich ist ein gewisser Fürst Johann I. Josef von Liechtenstein. Die »Hanselburg« erhielt er im Jahr 1800 von seiner Gemahlin als Namenstagsgeschenk.

Das Gebäude befindet sich 1km südöstlich von Loosdorf, einer Katastralgemeinde von Fallbach im Weinviertel; verschiedene Pfade (Hanslburger Rundwanderweg) führen von dort zu den Gemäuern. Die letzten paar Schritte zur Ruine sind dabei ein ständiges Auf und Ab über Gräben und Wälle. Es sind die Überreste einer alten Hausberganlage – vermutlich ein turmartiger Holzbau, der einst an der heutigen Stelle der »Hanselburg« gestanden war. Im selben Gelände soll sich bis zum letzten Tag des Zweiten Weltkriegs eine Einheit der Waffen-SS verschanzt haben, obwohl die Rote Armee bereits die umliegenden Orte über Wochen besetzt hatte. Der Krieg ist längst vorbei, die Ringwallanlage überwuchert, der vom Fürsten angelegte Landschaftspark ist Wald ge-

worden. Nur die künstliche Burgruine erinnert augenscheinlich noch an die vergangenen Zeiten – aber auch diese ist mittlerweile brüchig und soll nicht mehr betreten werden. Zumindest laden auf der kleinen Lichtung direkt vor dem stattlichen Rundturm Holzbänke zur Rast ein. Hier, unter den ausladenden Ästen der alten Eichen, sind die genannten Motive der Romantik immer noch präsent. Möglicherweise versteckt sich auch der verschwundene englische Garten nur zwischen all den urigen Bäumen...

Koordinaten: 48.6453, 16.4612

PLACE 28

Abendgrauen

Der »Alte Turm« beim Schloss Merkenstein

START & ÖFFIS
2540 Großau
↔ 🚏 Großau Berndorfer Straße

TOURDETAILS
11km (3h) | R | ↑230hm | mittel

- Bauwerke der Romantik
- Vergessener Landschaftsgarten

Am Fuße des Lindkogels

Die wahrscheinlich größte Burganlage des Wienerwalds befand sich etwa 6km westlich von Bad Vöslau: die nunmehrige Ruine Merkenstein. Um diese Veste ranken sich besonders viele geheimnisvolle Legenden und blutige Geschichten: So soll das schöne Töchterlein des herrischen Ritters einen Pagen umgarnt haben. Als der Ritter die beiden unverhofft erwischte, ließ er vor Zorn den Jungen bei lebendigem Leib in der Burg einmauern. Tatsächlich belegt ist jedoch das Massaker im blutigen Jahr 1683: Die Osmanen belagerten und zerstörten die Festung, wobei die fast 200 Bewohner ums Leben kamen. Die Überreste sind heute baufällig, ein Betreten ist verboten.

Aber es gibt in diesem verwunschenen Waldstück noch einiges mehr zu entdecken. Unweit der Ruine steht das pittoreske Schloss Merkenstein, ein (versperrter) neugotischer

Villenbau aus dem 19. Jhdt. Ein Stück weiter entlang des markierten, beim Zaun verlaufenden Weges, lässt sich der »Türkenbrunnen« finden – die durchlochte Kuppel verleiht diesem Gebilde wahrlich ein seltsames Erscheinungsbild. Das Bauwerk ist allerdings kein Brunnen, sondern viel mehr eine Erinnerungsstätte an die damalige Belagerung: das Zelt des osmanischen Kommandanten soll sich nur einen Steinwurf entfernt befunden haben. Auch in der Nähe befindet sich auf einer weitläufigen Lichtung – wo die »sprechende« Eiche ihre Wurzeln geschlagen hat – ein weiteres Relikt des

Türkenbrunnen

ehemaligen romantischen Landschaftsgartens: die alte Aussichtswarte. Im gedämpften Licht führen knarrende Treppenstufen den Turm hinauf. Nach dem Öffnen der hölzernen Verschläge erwartet einen eine eher schlichte Aussicht. Seit der Errichtung um 1811 sind die umliegenden Bäume freilich gewachsen. Für einen besseren Überblick ist es erforderlich, den Berg weiter hinaufzusteigen. Ein Geheimtipp für malerische Sonnenuntergänge über den Ostalpen ist dabei der aussichtsreiche Gipfel des »Hinteren Lindkogels«.

Koordinaten: 47.9864, 16.1275

Schloss Merkenstein

PLACE 29

Epitaph

Der Hundefriedhof der Weilburg

START & ÖFFIS

2500 Baden

↔ 🚌 Baden Hildegardbrücke

TOURDETAILS

2,6km (¾h) | R | ↑40hm | leicht

- Informationstafeln zur Weilburg
- Nahes Ufer der Schwechat

Im Helenental

Von dem im frühen 19. Jhdt. in Baden errichteten Schloss Weilburg, ein Geschenk Erzherzogs Karls an seine geliebte Frau Henriette, lassen sich heute nur mehr wenige Spuren finden. In den Kriegswirren des Aprils 1945 brach ein Feuer aus, wodurch große Teile des Prachtbaus vernichtet wurden. Die verbliebenen Mauern wurden 1964 gesprengt, wobei versehentlich auch der Wappenstein zerbrochen ist. Das Artefakt – von den Ortsansässigen »Grabstein der Weilburg« genannt – wurde anschließend mühsam restauriert. Heute befindet sich der Stein an der Weilburgstraße, umgeben von schicken Heimen der Wohlhabenden, welche auf dem Gelände des abgetragenen Schlossbaus errichtet wurden. Wesentlich unauffälliger sind die etwas versteckten Überbleibsel des Hundefriedhofs. Dieser wurde vermutlich um 1900 vom damaligen Eigentümer Erzherzog Friedrich, offenkundig ein Hundeliebhaber, angelegt.

Nahe dem Aquädukt der Hochquellenleitung am Westende von Baden zweigt ein Spazierweg von der Weilburgstraße ab, hinunter zum Ufer der Schwechat. Nach einigen Metern führt ein schmaler Trampelpfad zu den Steilwänden auf der linken Seite. Hinter den von Kletterpflanzen umschlungenen Bäumen befinden sich im Gestein die Spuren der im Laufe der Zeit verschwundenen Grabplatten aus Marmor. Die etwa 30 Abdrücke, von denen in einigen Fällen noch Inschriften erkennbar sind, liefern grobe Anhaltspunkte über die Belegung dieses vergessenen Friedhofs.

Es ist wahrscheinlich nur ein Zufall, dass fast genau an dieser Stelle auch die Auslaufzone für noch quicklebendige Vierbeiner beginnt. Aufgrund dessen sollten die weiteren Schritte in dieser längst zum Wald gewordenen Parklandschaft mit der gebührenden Vorsicht gesetzt werden. Mit offenen Augen können noch weitere Überbleibsel des früheren Schlossgartens wie rostige Geländer, überwachsene Steinmauern oder Reste des Kanalsystems sowie die Weilburg(halb)höhle entdeckt werden.

Koordinaten: 48.0058, 16.2119

Wappenstein

PLACE 30

Secretum

Das Versteck im Waldesreich

START & ÖFFIS (CODIERT)
???? 8@|) I=!$(#@|_|
↔ 🚌 ???

TOURDETAILS
0km (∞h) | $ | ↑666hm | unmöglich

- *In semita imaginationis* – Auf dem Pfad der Fantasie

Im Hinterland

Fremde verirren sich nur selten in diese Gegend. Von den Einheimischen erfährt man nur wenig; stattdessen verweisen sie auf einen kaum begangenen Pfad, der vom Rand des Waldes tief ins dichte Unterholz führen soll. Uralte Bäume säumen den Weg, ihre Zweige strecken sich wie knöcherne Finger empor. Der Wald ist hier so dicht gewachsen, dass kaum ein Sonnenstrahl noch den Boden berührt. Ein Geflecht aus verwobenen Wurzeln durchzieht die Erde gleich Lebensadern. Etwas abseits des Pfades zeugen verstreute Mauerreste von vergangenen Zeiten, als hier noch Natursteine gebrochen wurden. Um diese Stätten ranken sich finstere Geschichten: Von schemenhaften Gestalten, die nachts zwischen den Bäumen umherwandern ist die Rede. Der Schatten der Vergangenheit bedeckt diesen Ort. Nur wenige wagen es, so tief in diesen Wald vorzudringen; vieles bleibt fraglos im Verborgenen.

Gänzlich unerwartet wird zwischen dem dichten Blattwerk die Silhouette eines größeren Bauwerks erkennbar. Es ist das längst verlassene Heim des Eremiten! Hier, im Herzen der Wildnis, hat dieser einsame Wolf sein Dasein gefristet. Fernab des Marktlärms und des Maschinendonners. Es sind nun bereits Jahrzehnte vergangen, seit ihn jemand das letzte Mal zu Gesicht bekam. Irgendwann sei er spurlos verschwunden; man erzählt, der Wald habe ihn verschlungen. Ein Leichnam wurde nie gefunden – und so existiert auch keine Grabstätte auf dem kleinen Ortsfriedhof.

Zahlreiche Dachziegeln sind herabgestürzt, das alte Haus ist der Witterung schutzlos ausgeliefert. Was im Sommer das dichte Pflanzengewirr noch versteckt, wird mit dem Herannahen des Winters offenbart. Innen ist es längst feucht und modrig. Die Holzbalken sind so morsch, dass sie jederzeit zusammenbrechen könnten und die verbliebene Einrichtung unter sich begraben würden. Nur der gemauerte Schornstein wird noch Jahre standhalten, bis schließlich auch er von der Natur zu Fall gebracht wird.

Koordinaten: Geheim

PLACE 31

Totenunruhe

Das Grabmal der Mary Vetsera in Heiligenkreuz

START & ÖFFIS
2532 Heiligenkreuz
→ 🚌 Heiligenkreuz Friedhof
← 🚌 Sittendorf Feuerwehr

TOURDETAILS
4km (1h) | S | ↑ 120hm | leicht

• Stilvolle Friedhofskapelle & Ruhestätte

Im Tal des Sattelbaches

Im Herzen des Wienerwalds befindet sich Heiligenkreuz, welches bekannt für das alte Zisterzienserkloster sowie die Lourdesgrotte ist. Der Friedhof, etwas östlich des Klosters idyllisch am Waldrand gelegen, bleibt hingegen oftmals unbeachtet, und das obwohl eine besonders tragische Figur des 19. Jhdts. hier ihre letzte Ruhe gefunden hat.

In einer kalten Jännernacht des Jahres 1889 wurde die Baroness Marie Alexandrine Freiin von Vetsera im beschaulichen Mayerling von dem Mann erschossen, den sie liebte: dem Kronprinzen Rudolf von Österreich-Ungarn, Sohn von Kaiser Franz Joseph I. und Kaiserin Elisabeth. Die Donaumonarchie verlor durch den Doppelsuizid ihren Thronfolger – und Helene Vetsera ihre erst 17 Jahre alte Tochter. Der Kronprinz wurde eine Woche später in der Kapuzinergruft beigesetzt – der Leichnam von Mary hingegen wurde eilig zum Friedhof Heiligenkreuz gebracht und dort im sogenannten »Selbstmördereck« schlicht beerdigt. Der kaiserliche Hof bemühte sich, die begangene Todsünde des Kronprinzen zu verschleiern. In den erst vor wenigen Jahren aufgefundenen Abschiedsbriefen hatte Mary den Wunsch geäußert, gemeinsam mit Rudolf in Alland bestattet zu werden. Einige Monate nach dem Geschehen ließ Helene Vetsera eine Gruft und eine Friedhofskapelle errichten, die sterblichen Überreste wurden in einen Prunksarg aus Kupfer umgebettet. 1945 wurde die Grabstätte von russischen Soldaten

geplündert, erst im Jahr 1959 erfolgte eine Neubestattung. Eine abermalige Grabschändung ereignete sich 1991: ein Linzer Möbelhändler, welcher sich für die ungeklärten Fragen des »Mythos Mayerling« interessierte, entwendete in einer Nacht-und-Nebel-Aktion die sterblichen Überreste, um sie von Experten untersuchen zu lassen. Zwei Jahre später wurden die Gebeine schließlich wieder zurück nach Heiligenkreuz gebracht – die Gruft wurde zur Vorbeugung weiterer Freveleien mit Erde gefüllt.

Koordinaten: 48.0578, 16.1432

Heiligenkreuz

PLACE 32

Branderde

Der Kalkofen unterhalb der Burgruine Starhemberg

START & ÖFFIS
2753 Waldegg: Oberpiesting
↔ 🚆 Oberpiesting Bahnhof

TOURDETAILS
3,4km (1h) | R | ↑ 120hm | leicht

- Altes Industrieerbe mit Schautafeln
- Geheimnisvolles Tal

Im Schindergraben

Die bedeutsame Burg Starhemberg, welche im 13. Jhdt. vom »letzten« Babenberger Friedrich dem Streitbaren zur »uneinnehmbaren« Festung ausgebaut wurde, erfuhr ein typisch österreichisches Schicksal: Nachdem sie während der Türkenkriege den Bewohnern der Region Schutz bot, wurden – um sich der Gebäudesteuer zu entziehen – Ende des 18. Jhdts. die Dächer abgedeckt sowie Fenster- und Türstöcke herausgerissen. In den darauffolgenden Jahrzehnten wurden große Teile der verfallenden Burganlage von der Bevölkerung als Baumaterial wiederverwendet. Darüber hinaus wurde das Gelände im Frühjahr 1945 zum Schauplatz heftiger Kämpfe, bei denen auch die imposante Turmkapelle – ein Beobachtungsposten der SS befand sich darin – durch Artilleriefeuer fast vollständig zerstört wurde. Stand 2023 herrscht auf dem Ruinengelände aufgrund akuter Einsturzgefahr Betretungsverbot. Dank des engagierten Burgenvereins ist jedoch eine schrittweise Wiedereröffnung in den nächsten Jahren geplant (Stand 2024).

Anstelle einer Besichtigung der Ruine bietet sich – ausgehend vom Piestingtal – ein Spaziergang rund um den Burgberg an. Der Weg führt dabei auch in den Schindergraben: ein schattiges Waldtal, dessen geheimnisvoller Charakter sich erst auf den zweiten Blick offenbart. Es gibt hier vieles zu entdecken: versteckte Höhlengänge, längst verlorene Gehöfte oder die spärlichen Reste einer alten Schleusenanlage.

Diese diente dazu, den Bach im Graben aufzustauen, um im Ernstfall Angreifern den Zugang zur Burg zu verwehren. Das auffälligste Bauwerk ist aber der historische Kalkofen. Der um 1900 errichtete Schachtofen wurde erst vor kurzem vor dem Verfall gerettet. Einst diente er zur Herstellung von Kalkmörtel, welcher wiederum zum Mauern und Verputzen verwendet wird. Von oben wurde schichtweise Kalkstein und Brennmaterial wie Holz eingebracht; durch die intensive Hitze entstand der gebrannte Kalk.

Koordinaten: 47.8658, 16.0960

Reste der Turmkapelle Burgruine Starhemberg

PLACE 33

Monumentum

Das Kremsbachviadukt der Zwettlerbahn

START & ÖFFIS
3631 Ottenschlag
↔ 🚌 Ottenschlag Oberer Markt

TOURDETAILS
9,5km (2½h) | R | ↑ 150hm | mittel

- Markantes Eisenbahndenkmal
- Malerischer Teich & Nadelwälder

Beim Weyrerteich

In den vergangenen Jahrzehnten wurden in Niederösterreich zahlreiche, vermeintlich nicht rentable Regionalbahnen aufgelassen. Dabei wurden die Gleise häufig demontiert. Dieses Schicksal ereilte auch die um 1900 errichtete Zwettler Bahn: Der Personenverkehr nach Martinsberg bzw. Zwettl wurde schrittweise bis zum Jahr 2010 eingestellt. Die Strecke südlich Waldhausen wurde vollständig stillgelegt, die Schienen größtenteils abgetragen.

Das eindrucksvollste Überbleibsel dieses Streckenabschnitts ist das Steinbogenviadukt über das Tal der Großen Krems. Das rund zwölf Meter hohe und 100 Meter lange Bauwerk erscheint heute fast wie ein monumenthaftes Denkmal, welches an verlorengegangene Industrie und vergangenen Glanzzeiten der hiesigen Regionalbahnen erinnert. Es befindet sich am »Kremstalweg«, auf halber Strecke zwischen

Bad Traunstein und Ottenschlag – jenem Ort, der nicht nur bemerkenswerte sechsmal von Brandkatastrophen heimgesucht wurde, sondern auch als ein Zentrum des blutigen Bauernaufstands bekannt ist. Dieser dehnte sich von Oberösterreich im Jahr 1596 auf das »Viertel ober dem Manhartsberg« aus. Nach der gewaltsamen Niederschlagung wurden viele der unterdrückten Bauern grausam verstümmelt oder gar hingerichtet. Im Gegensatz dazu erleben Ausflügler heute lediglich die ländliche Stille und Idylle der Region, ohne den Gefahren der Vergangenheit ausgesetzt zu sein.

Ganz in der Nähe des Kremsbachviadukts liegt auch der ausgedehnte Weyrerteich, welcher sich, umschlossen von Nadelwäldern, harmonisch in das Landschaftsbild einfügt. Dieser ist, entgegen der ersten Intuition, freilich kein natürliches Gewässer, sondern wurde vor 500 Jahren künstlich für die Fischzucht geschaffen. So manchen Petrijünger zieht es auch heute noch hierher; es ist ihnen kaum zu verdenken, denn dieser Ort lädt zweifelsohne, vor allem in der Abendsonne, zum Verweilen ein.

Koordinaten: 48.4314, 15.1732

Weyrerteich

PLACE 34

Dolorosa

Das »Marienbründl« bei Klein Maria Dreieichen

START & ÖFFIS
2020 Hollabrunn: Oberfellabrunn
→ Bus Oberfellabrunn Ortsmitte
← Bahn Hollabrunn Bahnhof

TOURDETAILS
9,5km (2½h) | S | ↑ 160hm | mittel

- Versteckte Lourdes-Statue

Im Viertel unter dem Manhartsberg

Mitte des 19. Jhdts. wurde die Reblaus von Amerika nach Europa eingeschleppt – mit verheerenden Folgen für die Winzer jener Zeit. Die »Reblaus-Katastrophe« verursachte jahrelange Ernteausfälle: große Teile der Anbauflächen, insbesondere auch im westlichen Weinviertel, verschwanden für immer. Noch nicht vollständig verlorengegangen – wenngleich auch äußerst verborgen – ist das sogenannte »Marienbründl«, eine alte, mittlerweile versiegte Quelle im Wald westlich von Hollabrunn. Pilger, welche die nahegelegene Klein-Maria-Dreieichen Wallfahrtskapelle aufsuchten, konnten sich hier mit Wasser versorgen.

Beide Orte sind überwiegend leicht zu ergehen, asphaltierte und befestige Wege führen von Oberfellabrunn aus die meist sonnenbeschienene Anhöhe nördlich des Dorfes hinauf. Das Weinviertel zeigt sich hier von seiner landschaftlich reizvollen Seite: Die Kellergassen führen durch malerische Weinrebenfelder, welche bald saftigen Wiesen und fruchtbaren Ackerflächen weichen. Oben angekommen eröffnet sich eine unverhoffte, weite Aussicht über die Region bis hin zur Wiener Pforte. Am Plateau befindet sich ein Wegweiser zur Waldkapelle, während der verwachsene Pfad zum »Marienbründl« nicht ausgeschildert ist – einmal mehr ist gutes Kartenmaterial erforderlich. Von der Waldgrenze sind es noch einige Schritte durchs Gestrüpp hinab zur versteckten Lichtung. Eine einsame, jedoch gut erhaltene

Lourdes-Statue thront über der gemauerten Quelle. Ihr blauer Schleier hebt sich markant von der grünen Pflanzenwelt ab, die Blütenfarben der Lilien bereichern im Sommer diese Szenerie zusätzlich. Oftmals werden die Sieben Schmerzen, die die »Mater Dolorosa« erdulden musste, durch ebenso viele Schwerter symbolisiert, die in ihr Herz gestoßen werden – hier, schlicht eingebettet im Waldesreich, genügt bereits das Antlitz der Statue, um den Platz mit einer stillen Ehrfurcht zu erfüllen.

Koordinaten: 48.5717, 16.0116

Klein Maria Dreieichen

PLACE 35

Zeitzeugen

Die Reste des Barackenlagers Sittendorf

START & ÖFFIS
2393 Wienerwald: Sittendorf
→ 🚌 Sittendorf Feuerwehr
← 🚌 Heiligenkreuz Friedhof

TOURDETAILS
4km (1h) | S | ↑ 100hm | leicht

• Überwachsene Schornsteine

Im 24. Bezirk

Im Oktober 1938, einige Monate nach dem Anschluss Österreichs ans Deutsche Reich, wurde auch der gesamte Gerichtsbezirk Mödling in das nationalsozialistische Groß-Wien eingegliedert. Sittendorf im Wienerwald war somit nicht mehr Teil von Niederösterreich bzw. des »Reichsgaues Niederdonau«. Zur gleichen Zeit entstand südlich des Ortes, entlang der Straße nach Heiligenkreuz, ein Barackenlager für den Bau der »Reichsautobahn« von Wien nach Salzburg. Anfangs waren einheimische Hilfsarbeiter gegen Bezahlung tätig; bei verschiedenen Feierlichkeiten wurde hier gemeinsam mit der lokalen Bevölkerung das Tanzbein geschwungen.

Mit dem Kriegsbeginn änderte sich die Situation: Mehrere Hundert Zwangsarbeiter wurden in den darauffolgenden Jahren hier untergebracht. Neben französischen Kriegsgefangenen sollen für kurze Zeit auch Juden interniert worden sein. 1941, nach dem deutschen Überfall auf die Sowjetunion, zogen ukrainische Soldaten in das Lager ein, welche für den Einsatz an der Ostfront ausgebildet wurden. Später wurden von der Wehrmacht verschleppte, serbische Zivilisten hier zur Zwangsarbeit verpflichtet. Keineswegs eine Ausnahme: In den letzten Kriegsjahren wurden Unzählige aus ihren Heimatländern deportiert, um die Arbeitskraft jener Männer zu ersetzen, die an der Front kämpften oder bereits gefallen waren. Zu dieser Zeit war der Bau der Autobahn bereits gestoppt, Gefangene konnten von den örtlichen Bauern zur Arbeit angefordert werden. Im Jahr 1942 brach, vermutlich aufgrund der katastrophalen Zustände im Lager, eine Hungertyphusepidemie aus, die vielen serbischen Zwangsarbeitern das Leben kostete. Auf einem Grabstein am Friedhof sind 17 serbische Namen verzeichnet, laut Zeitzeugenaussagen dürfte es jedoch wesentlich mehr Opfer gegeben haben. Nach der Seuche wurde das Lager geschlossen, die Baracken wurden zur Aufbewahrung von Material der unterirdischen Hinterbrühler Flugzeugfabrik, einer Außenstelle des KZ Mauthausen, genutzt. Anfang April 1945 erreichte die Kriegsfront schließlich auch den Wienerwald. In Sittendorf waren Männer der SS einquartiert, Flüchtlingskolonien zogen sich Tag und Nacht von Ost nach West durch die Ortschaften, auf der Flucht vor der Roten Armee. Während dieser chaotischen Tage verließen viele Sittendorfer ihre Häuser: einige flüchteten zum Weiler Neuweg, andere versteckten sich im Wald unter freiem Himmel. Die kommenden Wochen sollten zeigen, dass die Furcht vor den (trunksüchtigen) Russen keineswegs unbegründet war. An dem Standort des ehemaligen Lagers wurde eine Gedenkstätte errichtet. Das Gelände ist mittlerweile bewaldet, im Laufe der Jahrzehnte hat sich hier allerlei Unrat angesammelt. An die Barrackengebäude erinnern heute nur noch die verbliebenen Schornsteine, welche fortwährend von der Pflanzenwelt umschlungen werden.

Koordinaten: 48.0674, 16.1625

PLACE 36

Steinskelett

Der »Säulentempel« in der Forstheide

START & ÖFFIS
3363 Amstetten: Hausmening
↔ 🚉 Ulmerfeld-Hausmening Bahnhof

TOURDETAILS
4,8km (1¼h) | R | ↑40hm | leicht

- Betonreste einer Munitionsfabrik
- Nahes Ufer der Ybbs

Beim Ybbsfluss

In der Forstheide, einem weitläufigen Waldgebiet südwestlich von Amstetten, befinden sich die Überreste einer von den Nationalsozialisten geplanten, aber nie fertiggestellten Munitions- und Sprengstoffabrik. Was dort im Krieg genau geschah, lässt sich heute nur schwer rekonstruieren. Anzunehmen ist, dass Zwangsarbeiter, darunter wahrscheinlich viele Juden, unter furchtbaren Bedingungen hier schuften mussten. Auch soll es bei der einzig verbliebenen Bauruine – eine im Jahr 1940 errichtete, offene Betonhalle, welche unter der zynischen Bezeichnung »Judentempel« bekannt ist – eine Erschießungsstätte gegeben haben. Nicht mehr arbeitsfähige KZ-Häftlinge wurden hier hingerichtet, Exhumierungen haben bis dato keine stattgefunden.

Beim Spaziergang durch die Forstheide kann das Bauwerk, obwohl es nur wenige Schritte von der Forststraße entfernt ist, leicht übersehen werden. Das Gelände ist hier üppig bewachsen, die »Säulenhalle« verbirgt sich hinter Bäumen und wilden Sträuchern. Achtzehn im Raster angeordnete Pfeiler tragen das schwere Dach. Mit ein wenig Fantasie lässt sich durchaus eine entfernte Ähnlichkeit zu den Tempeln der Antike erkennen. Die Schmierereien am Beton deuten auf einen gewissen Bekanntheitsgrad in der Jugend hin; dennoch scheint vielen Einheimischen dieses nicht beschilderte Mahnmal fremd zu sein.

Koordinaten: 48.0711, 14.7966

PLACE 37

Inferno

Die Überreste am Türnitzer Eibl

START & ÖFFIS
3184 Türnitz
↔ 🚌 Türnitz HLW

TOURDETAILS
9,5km (3h) | R | ↑540hm | schwer

- Verwaiste Liftgebäude, Mauerreste
- Berggipfel mit Aussicht

In den Türnitzer Alpen

Türnitz im Mostviertel galt lange Zeit als populärer Wintertourismusort. Anfang des neuen Jahrtausends änderte sich das: Die nach dem Krieg errichteten Schilifte wurden erst gesperrt und danach demontiert. Zuvor wurde schon der Bahnverkehr eingestellt; auf der ehemaligen Gleistrasse sind heute die Fahrräder unterwegs. Aber auch der Wanderschuh erweist sich in der Region als praktikabel: Südwestlich der nunmehr beschaulichen Marktgemeinde befindet sich der Türnitzer Eibl, ein zur jeder Jahreszeit lohnendes Ausflugsziel – obgleich das beliebte Eibl-Schutzhaus schon im Jahr 1977 einem verheerenden Feuer zum Opfer fiel und danach nicht wieder aufgebaut wurde.

Der »Traisentaler Rundwanderweg« zum Tiroler Kogel führt alle jene mit ausreichend Kondition zuvor auch auf den Bergrücken des Eibl. Nach etwas über 400hm im mittelsteilen Gelände sind die fast direkt am Weg gelegenen Überreste der abgebrannten Schutzhütte erreicht. Tatsächlich sind nur wenige Spuren übrig, die überwucherten Grundmauern erinnern an das Gebäude. Einige Schritte weiter befindet sich die ruinöse Bergstation einer abgebauten Seilbahn. Der Geruch von Maschinenöl liegt noch immer in der Luft; im weglosen Gelände dahinter sind vereinzelt rostige Seilstützen zu finden. Diese Anlage soll nicht in direktem Zusammenhang mit den früheren Schipisten gestanden sein, sondern wurde lediglich zum Transport von Gütern genutzt.

Reste Eibl-Schutzhaus

Der höchste Punkt des 1.002m hohen Eibl ist von hier nicht mehr weit entfernt. Die Anstrengung wird schließlich mit einem herrlichen Ausblick ins Traisental belohnt. Unweit des Gipfelkreuzes liegt die Teichhütte – benannt nach einem inzwischen trockengelegten Teich, der einst für die Kunstschneeproduktion angelegt wurde. Auch hier wütete bereits einmal das Feuer: 2011 wurde die Hütte nach einer Brandstiftung vollständig zerstört – allerdings im selben Jahr wieder aufgebaut.

Koordinaten: 47.9123, 15.4604

Auf der Karnerhofspitze

PLACE 38

Pontifex

Die Papstwarte bei Doberndorf

START & ÖFFIS
3580 Horn
→ 🚆 Horn Bahnhof
← 🚆 Sigmundsherberg Bahnhof

TOURDETAILS
10,9km (3h) | S | ↑ 190hm | mittel

• Brutalistischer Bau am Waldrand

Im Viertel ober dem Manhartsberg

Gegen Ende des 20. Jhdts. besuchte der damalige Papst Johannes Paul II. mehrmals Österreich. Beim ersten Mal, 1983, schien besonders im Waldviertel die Freude groß gewesen zu sein – ein Aussichtsturm wurde errichtet: die Papstwarte. Fünf Jahre später kam das Kirchenoberhaupt erneut ins Land; wohl nicht ganz zufällig wurde der Turm im selben Jahr um einen Betonschaft mit Wendeltreppe erhöht. Ungeachtet dessen haben weder Johannes Paul II. noch einer seiner Nachfolger das Bauwerk je besucht.

Die Warte befindet sich etwa 4km nördlich von Horn, der »Manhartsberg-Radweg« führt direkt daran vorbei. Ein Stück vor dem Bauwerk, an der Abzweigung nach Doberndorf, steht das »Hahnkreuz«: Hier soll Mitte des 19. Jhdts. ein Musiker erfroren sein; ein Jahrhundert später wurde ein Marterl samt Rastbänken errichtet. Just an dieser Stelle schlug einige Jahre danach ein Blitz ein, das Kreuz musste mühevoll restauriert worden. Von der Andachtsstätte ist der Aussichtsturm nur mehr einen Steinwurf entfernt; über den Baumwipfeln wird das von Robert Krapfenbauer entworfene, brutalistische *(brutal ≈ beton)* Objekt alsbald sichtbar. Die Papstwarte wirkt wie ein moderner Monolith – ein spannender Kontrast zur natürlichen Waldkulisse entsteht. Sofern der Aufgang vom Besitzer nicht versperrt ist, können die mehr als 100 Stufen erklommen werden, um die höchste Ebene der 36m hohen Warte zu erreichen. An oberster Stelle thront

ein imposantes Kreuz mit einer altgriechischer Inschrift, auf der Etage darunter kann ein beeindruckender Rundumblick genossen werden. Zwischen den ausgedehnten Wäldern lassen sich das Stift Altenburg oder das Kloster Pernegg ausmachen, an klaren Tagen reicht der Blick nach Süden bis hin zu den Alpen. Eine direkte Sichtverbindung besteht auch zur Europawarte bei Waitzendorf: diese kann als das architektonische Gegenstück zur Papstwarte im »Viertel unter dem Manhartsberg« betrachtet werden.

Koordinaten: 48.6991, 15.6798

PLACE 39

Symposium

Das Dreiländereck

START & ÖFFIS
2273 Hohenau an der March
↔ 🚉 Hohenau Bahnhof

TOURDETAILS
10,5km (2½h) | R | ↑ 10hm | mittel

- Altes Schöpfrad, Flussauenlandschaft
- Reichhaltige Fauna & Flora

In den March-Thaya-Auen

Die »Samtene Revolution« Ende 1989 führte in den geschichtsträchtigen Wochen nach dem Fall der Berliner Mauer zum Systemwechsel in der Tschechoslowakei. Die sozialistische Diktatur war am Ende, das Land, welches früher selbst ein Teilstück der zusammengebrochenen Österreich-Ungarischen Monarchie war, zerfiel nach langen Diskussionen. Obwohl die Bevölkerung seinerzeit die Teilung abgelehnt hatte, bildeten sich dennoch zwei separate demokratische Staaten heraus. So entstand 1993 ein neues Dreiländereck: Dort, wo die Thaya in die March fließt, treffen heute Österreich, Tschechien und die Slowakei aufeinander.

Aufgrund der jahrelangen Absperrung der Grenze konnte sich hier ein weitgehend unberührtes Naturjuwel formen; das heutige Europaschutzgebiet ist die Heimat zahlreicher seltener Tier- und Pflanzenarten. Schwarzstörche, Ziesel,

Fischotter und Moorfrösche haben hier ihren Lebensraum gefunden – aus dem »Eisernen Vorhang« wurde das »Grüne Band«. In dieser vielfältigen Auenlandschaft entfaltet jede Jahreszeit ihren eigenen Charme. Die Wasserstände der beiden langsamen fließenden Gewässer ändern sich ständig; Flora und Fauna sind gezwungen sich an regelmäßige Überschwemmungen, die meist im Frühjahr auftreten, anzupassen. Auf der österreichischen Seite verläuft entlang der Ufer der beiden Flüsse ein schmaler Fischerweg durch die Auwälder. Der Grenzpunkt der drei Länder liegt in der Fluss-

Wasserschöpfwerk

mitte der March, etwa 2km östlich von Hohenau. Ein Stück weiter flussaufwärts befördert ein altes Schöpfwerk am Ufer der Thaya kontinuierlich und umweltfreundlich Wasser in die Fischteiche. Der slowakische Teil, wo sich auch viele Bunkeranlagen aus der Zwischenkriegszeit befinden, ist über den alten Grenzübergang erreichbar – die tschechische Seite mit dem historischen Grenzstein der Markgrafschaft Mähren, kann aufgrund des Fehlens einer Brücke nur aus der Ferne betrachtet werden.

Koordinaten: 48.6165, 16.9402

PLACE 40

Silentium

Die »Lauschinsel«
Kierlingstein bei Wurmbrand

START & ÖFFIS

3820 Groß Gerungs: Wurmbrand

↔ 🚆 Groß Gerungs Hauptplatz

TOURDETAILS

10,8km (3h) | R | ↑ 220hm | mittel

- Ausgefallene Holzkonstruktion
- Moosbewachsene Granitsteine

Im Land unter der Enns

Im Jahr 2001 wurde im Rahmen der niederösterreichischen Landessaustellung die »Kraftarena Groß Gerungs« errichtet. Zu dieser gehören (neben der eingangs in diesem Buch vorgestellten »Steinpyramide«) auch der Kierlingstein und die »Lauschinsel«, welche sich rund 4km nördlich von Groß Gerungs befinden. Zusätzlich führt auch von Wurmbrand aus eine markierte Route gen Westen durch das dünn besiedelte Waldviertler Hochland hin zu diesem geheimnisvollen Ort. Bereits wenige Schritte hinter der Waldgrenze werden einzelne Steinformationen sichtbar. Der mächtigste Fels, der Kierlingstein, kann mithilfe einer Holzleiter erklommen werden. Heroben befindet sich eine Schale, die – einem magischen Brunnen gleich – auch bei Trockenheit mit Flüssigkeit gefüllt sein soll. Dem Wasser wird nachgesagt, dass es zahlreiche Leiden gelindert und einigen Damen zu Schönheit verholfen habe. Einer wilden Legende nach soll gar die rastende Mutter Maria die Windel des Jesuskind darin gewaschen haben. Direkt darunter steht die »Lauschinsel«: eine etwas seltsam anmutende Holzinstallation, welche durch übergroße Hörtrichter die Geräusche der Umgebung verstärken soll. Tatsächlich herrscht hier unter den hochgewachsenen Bäumen eine tiefe Stille, die weder vom tosenden Lärm einer Stadt, noch vom sanften Plätschern eines Baches durchbrochen wird. So sind nur das Rauschen der Blätter und vielleicht der Gesang einiger scheuer Vögel auf dem harten Liegebrett wahrnehmbar.

Nun, von hier aus gibt es keinen Pfad, der über den mit Moos bedeckten Erdboden weiter ins undurchsichtige Dickicht führt. Das Herz des Waldes soll den meisten verborgen bleiben. All die Fabelwesen, die sich hinter knorrigen Bäumen und uralten Steingestalten verstecken, wünschen sich nicht weiter gestört zu werden. So bleibt lediglich der Heimweg; jedoch nicht, ohne zumindest ein kleines Stück der Waldmagie mit an sich genommen zu haben.

Koordinaten: 48.6096, 14.9463